고객을 사로잡는 장사의 판매레시피

매출을 올리는 가장 현실적인 방법, 판매의 기술과 전략

고객을 사로잡는 장사의 판매레시피

우상권 지음

프롤로그

필자는 그동안《나를 바꾸는 챌린지 100》,《성공대학 장사학과》란 제목의 책을 출간한 데 이어 이번에 세 번째 책인《고객을 사로잡는 장사의 판매레시피》를 출간하게 되었다.

앞서 출간한《나를 바꾸는 챌린지 100》에서는 진정한 행복한 삶을 살기 위한 방법으로 '여태껏 살아온 나'가 아닌, '살고 싶은 나'로 스스로를 바꿀 수 있는 챌린지 100이라는 프로그램을 소개하면서 독자들에게 외면을 바꾸고 내면을 바꾸는 방법을 제시하였고, 두 번째 책인《성공대학 장사학과》에서는 필자의 25년간 삶의 여정 속 장사 이야기와 어릴 적 삶과 장사를 하면서 겪은 경험과 노하우를 공개하고, 더불어 사장이 갖춰야 할 마인드와 직원이 갖춰야 할 마인드의 올바른 기준을 제시했다면, 세 번째 책인《고객을 사로잡는 장사의 판매레시피》에서는 장사의 초보일지라도 누구나 따라 할 수 있는 판매기술 레시피를 공개했다. 또한 단순히 장사의 수완을 공유하는 것이 아닌, 올바른 장사 철학과 따라만 해도 좋은 매출을 올려 부자가 될 수 있는 방법을 상세하게 서술했다. 장사에 갓 입문한 초보 사장이거나 직원들의 영업 교육에 대한 좋은 교육 자료가 필요한 독자라면 이 책 한 권의 정독으로 연봉이 오르고, 부자가 되는 지름길을 만나게 될 것이라 확신한다. 여태껏 어디에도 볼 수 없는 너무나 자세한 판매기술 레시피가 지금부터 공개된다. 지금부터 마음을 활짝 열고 판매기술 레시피를 통해서 당신의 멋진 판매를 조리해 보라.

2025년 7월
우상권 드림

차 례

프롤로그 • 4

제1부 고객

1. 고객이란 무엇인가? • 14
2. 고객의 구매 포인트 • 17
3. 고객의 심리를 리드하라 • 20
4. 고객을 끌어당기는 3가지 심리 • 22
5. 소리 없이 등을 돌리는 고객이 가장 무서운 고객이다 • 25
6. 고객을 내 편으로, 고객을 나의 홍보대사로 • 28
7. 처음 오는 고객이 가장 큰 기회 • 32
8. 처음 방문한 고객, 단골 고객, VIP 고객, 충성 고객 • 35
9. 내가 가장 잘 보여야 할 대상은 고객 • 38
10. 고객을 넘어 내 삶의 귀객으로 • 40
11. 고객과의 거리 간격(불가근불가원) • 43
12. 고객과 피객의 구분법 • 46
13. 장사를 하면서 고객 응대보다 우선시되는 것은 없어야 한다 • 48
14. 고객은 기버(giver)들에게 가장 약하다 • 51
15. 고객의 가족, 지인까지도 모두 추가 고객으로 삼아라 • 53
16. 고객 한 명의 가치 • 56

제2부 판매기술 레시피

1. 서비스의 정의 · 60
2. 판매는 구매 포인트와 셀링 포인트의 교집합에서 이루어진다 · 63
3. 판매자의 동선 · 65
4. 판매자의 금기어 '진상' · 67
5. 판매의 최고의 기술(고객 동기부여) · 70
6. 고객의 라이프스타일을 알면 판매가 쉬워진다 · 75
7. 추임새의 마법 '음~아~오~' · 78
8. 판매의 순서 · 80
9. 고객 점유율을 높여야 매출이 오른다 · 84
10. 고객 응대를 최대한 길게 하면 많은 기회가 창출된다 · 86
11. 판매는 기술! 재방문은 만족! 주변 홍보는 감동! 에서 나온다 · 89
12. 판매 적중률, 연계 시도율이 매출을 좌우한다 · 92
13. 황금의 메가 포인트 · 95
14. 판매 상급자들의 3가지 공통점 · 98
15. 핵심 캠페인을 정하라 · 101
16. 스타상품 밀어 팔기 · 103
17. 1, 2, 3번 인기 제품의 빠른 재세팅 · 106
18. 클레임 고객 대처법(LESS 기법) · 108
19. 리마인드 텔링 · 111
20. 고객이 우리 제품을 착용하는 라이프스타일을 상상하게 하라 · 113
21. 긍정 프레임 기법 · 116
22. 젠틀 시니어가 우리 매장의 귀객이 된다 · 118

23. 이유가 더해지면 설득력이 배가 된다 · 120
24. 목적 없이 너무 오래 머무는 고객을 자연스럽게 보내는 방법 · 122
25. 스킨십의 마법 · 124
26. 호기심을 이끄는 말 말 말 · 127
27. 말을 잘하는 법 · 130
28. 재방문 고객을 잘 기억하는 방법 · 134
29. 칭찬 기술 · 137
30. 고객의 라이프스타일에 관심을 가지고 인정하고 존경하라 · 140
31. 카운터 마케팅 · 142
32. 고객 응대 매뉴얼의 중요성 · 145
33. 수선 고객 응대 매뉴얼 · 149
34. 연계 효율을 높이는 찢어놓기 기술 · 152
35. 매출은 긴장감, 실수는 집중 · 154
36. 실패와 실수를 구분하라 · 158
37. 고객이 없을 때, 1팀 있을 때, 2팀 있을 때, 3팀 이상일 때의 대처법 · 160
38. 마인드 리셋법 · 163
39. 고객에게 옷을 필착시키는 법 · 165
40. 스토리 판매가 이긴다 · 168
41. 기대 가격을 높여야 판매가 수월해진다 · 172
42. 함께 따라온 핵심 인물을 공략하면 판매가 쉬워진다 · 175
43. 아이 고객 판매법 · 177
44. 고객의 삶의 불편함을 체크하여 공감해 주고, 그것을 해결하는 데 정성을 다하라 · 180
45. 하루하루 파티를 여는 마음으로 · 183

46. 강심장이 큰 연계를 만든다 • 186
47. 큰 고객(VIP) 창출법 • 189
48. 단골 고객의 2가지 소비습관 • 191
49. 제품을 알고, 고객을 알면 판매 전쟁에서 승리한다 • 194
50. 성공을 부르는 333법칙 • 197
51. 공포의 3분 스피치 훈련 • 199
52. 판매자의 동기부여 • 203
53. 1차 고객, 2차 고객, 3차 고객 관리법 • 206
54. 판매자의 표정이 살아야 제품이 산다 • 208
55. 판매 조회, 판매 종례 시스템 • 210
56. 기록을 위대하게 • 212
57. 전화 문의 고객 응대법 • 214
58. 창고 관리법 • 217
59. 재고 관리법 • 220
60. 나의 직원을 가슴 뛰게 만들어야 고객의 지갑을 열 수 있다 • 223
61. 지금은 '콜라보' 시대 • 226
62. 고객과의 논쟁을 피하라 • 228
63. 이기려고 하면 지고, 공감하고 져주면 결국 이긴다 • 231
64. 질문을 잘하면 판매의 질이 높아진다 • 233
65. 고객의 "비싸요~!!" 대처법 • 236
66. 고객은 자신에게 필요한 예쁜 물건을 구매한다 • 238
67. 자존심을 저축해야 판매왕이 될 수 있다 • 241
68. 원츠의 시대는 끝나고 니즈의 시대가 왔다. 니즈를 공략하라 • 243
69. 외모는 단정하게, 말투는 자신 있게, 인사는 존중을 담아서 • 245

70. 마음은 평온하게, 손발은 빠르게 • 247
71. 심리 장사 • 249
72. 사은품을 특별품으로 느끼게 하라 • 251
73. 궁합을 어필하라 • 253
74. 샤머니즘 활용법 • 255
75. 목표 매출의 골디락스 • 259
76. 경쟁은 매출 부스터, 협력은 장수의 비결 • 261
77. 기다리는 판매는 끝이 났다 • 263
78. 알고리즘 판매 • 265
79. 노노노! 예스! 법칙 • 268
80. 재방문의 연결고리 • 270
81. 고객의 소리에 매장 흥행의 힌트가 숨어있다 • 273
82. 긍정언어("네, 맞습니다.") • 276
83. 분명하고, 힘 있게 말하라 • 278
84. 설득하려 하지 말고 제품을 자랑하듯이 이야기하라! • 280
85. 과정만 보고 결과를 예상하지 말고, 결과만 보고 과정을 평가하지 마라 • 283
86. 장사는 물건을 파는 것이 아니라 고객을 담는 것이다 • 285
87. 지금 시대는 다이소식 소비가 트렌드이다 • 287
88. '얼리 소비형 고객층'과 '레이트 소비형 고객층'은 늘 존재한다 • 289

제3부 판매 고수의 마인드

1. 판매 고수에게는 '객사부일체'의 정신이 있다 • 292
2. 판매 고수는 '백견이 불여일행'을 제1원칙으로 한다 • 295
3. 판매 고수는 인정, 감사, 기회의 법칙을 활용한다 • 298
4. 판매 고수는 넘어지면 무엇이라도 주워서 일어난다 • 300
5. 판매 고수는 끈질김을 가진 자이다 • 302
6. 판매 고수는 피곤함을 이기는 몰입에 능숙하다 • 304
7. 판매 고수는 자기관리를 철저하게 한다 • 306
8. 판매 고수는 전략가이다 • 309
9. 판매 고수는 빠른 위기 인식과 위기관리에 능하다 • 311
10. 판매 고수는 반복에 능한 자이다 • 313

에필로그 • 315

제1부

고객

고객이란 무엇인가?

판매를 하면서 판매자와 고객은 떼려야 뗄 수 없는 관계다. 하지만 대부분 판매자들은 고객이라는 존재에 대한 확실한 개념정리가 되어있지 않다. 우리는 삶을 살면서 배우자를 정하여 결혼을 하고 함께 살아간다. 즉, 우리의 사적 삶의 파트너가 배우자라고 한다면, 우리의 공적 삶의 파트너는 바로 나의 고객인 것이다. 우리가 가만히 배우자와의 관계를 생각해 보면 어쩌면 내가 가장 잘해야 하는 대상이기도 하고, 때로는 서로 의견이 맞지 않아 다투게 된다면 누군가 자존심을 내려놓고 사과를 하고 또다시 좋은 관계로 회복되기도 한다. 이래나저래나 좋은 관계를 만들어가며 결혼이라는 울타리가 깨지지 않게 하기 위해서 서로가 노력을 한다. 판매자와 고객의 관계도 마찬가지이다. 사적 공간에서 배우자와 가장 오랜 시간을 함께 나누듯이, 공적 공간에서는 고객과 가장 많은 시간을 함께 나누게 된다. 때로는 클레임 고객으로 인해 감정 다툼이 일어나기도

하고, 때로는 나를 응원해 주는 고객 덕분에 힘을 얻고 살아간다. 이렇듯 판매자에게 고객이란 또 하나의 삶의 공적 배우자라는 것을 알아야 한다.

판매자들이 일터에서 가장 잘 보여야 할 대상도 바로 고객이다. 사장은 단지 고객의 돈을 나에게 전달해 줄 뿐이다. 또한 판매자가 고객의 팬 심이 두터우면 사장조차도 판매자에게 함부로 할 수가 없게 된다. 즉, 나를 지켜주는 것도 나의 고객인 것이다. 고객으로부터 내가 존재감을 느끼고, 고객으로 인해 내가 성장하고, 오직 고객만이 나를 성공시켜 줄 수가 있다. 판매자들에게 고객이 없는 것은 상상할 수도 없으며, 고객 없이는 아무것도 할 수가 없는 것이 판매자인 것이다. 나의 성공에 가장 중요한 핵심 파트너인 것이다. 판매자는 성공을 위해서 고객이라는 대상과의 관계를 가볍게 생각해서는 안 된다. 어쩌면 부모님도 도움판매자에게 고객이란 또 하나의 삶의 공적 배우자라는 것을 알아야 한다.을 주지 못하는 성공을 직접적으로 만들어주는 존재가 바로 고객인 것이다. 모든 고객이 내 마음 같지 않겠지만, 고객 모두를 중요하게 생각해야 판매자의 영역에서 최고가 될 수가 있다.

살면서 우리는 좋아하는 것과 중요한 것과 소중한 것이 존재하게 된다. 좋아하는 것에는 연인, 친구들, 취미 같은 것이 있고, 소중한 것은 오직 가족뿐이며, 중요한 것은 나 자신이다. 나 자신이라는 테두리 안에는 고객이라는 존재가 포함되어야 한다. 즉, 나 자신만큼이나 고객을 중요하게 생각한다면 고객을 향한 나의 정성과 서비스의 질은 최고조가 되어 모든 고객을 감동시킬 수가 있을 것이다.

> 📢 **판매 고수의 조언**
>
> ☞ 나의 성공을 완성시켜 줄 유일한 파트너는 바로 고객이다.
> 나의 고객은 곧 나 자신이며, 곧 나의 미래라고 생각해야 한다.

고객의 구매 포인트

　고객이 매장을 방문하는 데는 이유가 있다. 판매자가 "고객님! 무엇을 찾으세요?"라고 물었을 때, "그냥 둘러보려고요."라고 아무런 목적 없이 방문한 것처럼 말하는 고객조차도 분명 이유가 있어서 방문한 것이다. 자신에게 필요한 것이 있는지, 매장 안이 어떻게 생겼는지가 궁금한 것인지, 아니면 자신의 불편한 무언가를 해소해 줄 물건을 찾으러 방문한 것인지….

　무슨 이유라도 분명 존재하기 때문에 고객은 매장을 방문하게 된다. 즉, 인간의 모든 행동에는 이유와 목적이 있는 것이다.

　그 방문의 이유가 고객의 구매 포인트가 된다. 보통 매장을 방문했을 때, 대부분의 판매자는 제품의 특장점만 늘어놓는다. 진작 고객이 어떠한 목적으로 방문했는지도 모른 채 판매자 자신이 하고 싶은 말만 하다가 고객을 놓치게 된다. 고객은 판매자의 화려한 말솜씨를 들으러 매장을 방문한 것이 아니다. 자신의 일상생활에 불편한 점을 해소해 줄 물건을 찾으로 온 것이다. 이것이 판매의 가장 핵심 수완이자 포인트이다. 단지 화려하게 늘어놓는 제품 설명이 아닌, 고객이 필요로 하는 물건을 상황에 맞게 잘 선택할 수 있게 하는 것이 판매의 핵심인 것이다. 이 기본에만 충실해도 판매는 누구나 잘할 수가 있다. 그래서 판매할 때는 우선순위를 잘 지켜야 판매가 쉬워진다. 즉, 고객의 구매 포인트를 파악하고, 그다음 그것에 맞는 제품을 함께 찾아주고, 그 제품의 특장점인 셀링포인트를 하는 것이다. 이 순서에 맞게 한다면 판매는 더욱 쉬워질 것이다. 고객의 구매 포인트는 보통 5가지 안에 있다. 디자인, 색상, 가격, 사이즈, 판매자의 친절도이다. 디자인과 특정 색상이 구매하게 만드는 핵심요소일 수도 있고, 제품가격을 가장 중요하게 생각할 수도 있고, 체형이 아주 크거나 작은 사람에게는 사이즈가 가장 중요한 구매 포인트가 될 수가 있고, 직원의 친절도를 가장 중요하게 생각하는 고객도 있다. 이 5가지 중 내가 응대하는 고객의 구매 포인트를 찾는 것이 가장 중요하다. 내가 응대하는 고객의 구매 포인트를 가장 빠르게 찾는 방법은 질문이다. 고객에게 "고객님! 혹시 오늘 물건 고르실 때, 가장 중요한 요소는 무엇일까요?"라고 정중하게 물어보면 "제가 오늘 검정색 티셔츠가 필요해서 왔어요. 내일 회사에서 입고 가야 할 일이 있어서요."라고 답해 준다. 그럼 검정색 티셔츠 중에 인기 상품을 함께 보여주고 그 티셔츠의 특장점을 설명해 주면 판매가 더욱 쉽게 이루어진다.

하지만 자신의 구매 포인트를 알려주지 않는 경우도 있다. "그냥 한번 보려고 왔어요."라고 말할 경우, 스몰 토크로 조금씩 편안한 대화를 유도하다 보면 우리 매장의 방문목적인 구매 포인트를 알 수 있는 경우가 대부분이다. 이렇게 고객의 구매 포인트를 먼저 파악하고 나서 제품을 권해주고, 그 제품의 특장점을 설명해 주는 것에 능숙해진다면 상품판매가 더욱 쉽고 재미가 있을 것이다.

> **판매 고수의 조언**
>
> ☞ **고객의 판매 응대 순서**
> 상냥한 인사 ⇒ 질문이나 스몰 토크로 고객의 구매 포인트 파악 ⇒ 구매 포인트에 맞는 제품 찾아주고 제품의 특장점 설명해 주기 ⇒ 판매

고객의 심리를 리드하라

 판매자가 고객의 심리를 파악하지 못하면 판매는 어려워지게 된다. 반대로 고객의 심리를 읽으면서 제품을 보여주고 셀링 멘트를 하면 판매가 쉬워진다. 즉, 고객의 심리를 읽고 그 심리를 리드할 수 있으면 판매자는 자신이 원하는 방향으로 좀 더 쉽게 판매할 수가 있게 되는 것이다. 고객의 심리는 고객의 표정이나 적극성으로 알 수가 있다. 누구나 호감이 가는 제품 앞에서는 표정이 밝아지고 행동이 적극적이다. 하지만 호감이 가지 않는 제품에는 다른 쪽으로 쉽게 눈길을 돌리거나 행동이 소극적이다.
 고객의 심리를 끄집어내는 방법이 있다. 한 가지 예로 호기심의 심리를 끄집어내기 위해서 판매자가 호기심을 자극하는 말로 시작한다면 고객으로부터 호기심의 심리를 끄집어낼 수가 있다. 예를 들면, "고객님! 정말 재미있는 스토리가 이 제품에 숨어있습니다." 또는 "고객님! 오늘 정말 잘 오신 것이 무엇이냐면요?"라고 한다면 고객의 호기심이라는 심리를 끄집어낼 수가 있다. 첫 멘트를 어떻게 하느냐에 따라 우리가 원하는 고객의 심리를 끄집어낼 수가 있게 된다. 장사와 판매는 철저한 심리 과학이라고 생각한다. 우리가 마술을 볼 때, 눈속임이라는 것을 알면서도 신기해하고, 그것에 놀라고 흥미로워하는 것과 같이 장사와 판매의 영역에서도 고객의 심리를 충분히 판매자의 의도대로 끌고 갈 수가 있다. 물론 고객에게 신뢰를 잃는 행동을 하는 과정의 속임을 하라는 이야기가 아니다. 고객이 우리 제품을 사고 싶게 만드는 심리를 이끌어내고 호감으로까지 발전되는 과정에서는 판매자의 멘트 하나하나가 너무나 중요하다는 것을 말한다. 판매자가 고객을 응대할 때, 고객의 구매 포인트나 심리를 모른 채 제품 설명에만 급급하다면 동상이몽의 장사를 하게 되는 것이다. 이런 판매는 고객 구매로 이어지는 것이 힘들어진다. 이 글을 읽는 이가 판매자나 영업을 하는 분이라면, 지금 응대하고 있는 고객의 구매 포인트가 무엇인지를 파악한 후 긍정적인 고객의 심리를 유도하면서 응대한다면 당신의 영업매출은 나날이 상승하게 될 것이다.

> **판매 고수의 조언**
>
> ☞ 고객을 응대할 때는 제품 설명에만 급급해하지 말고, 고객의 구매 포인트를 분명하게 파악한 후 고객의 긍정적인 심리를 유도하고 리드하라!

고객을 끌어당기는 3가지 심리

고객의 심리를 끌어당겨야 고객은 우리의 물건을 구매하게 된다. 고객은 어떠한 것에 심리가 움직이는 것일까? 그중 대표적인 3가지는 유익함, 호기심, 새로움이다. 이 3가지의 마법으로 고객의 심리를 끌어당길 수가 있다. 즉, 고객은 호기심이 생기면 좀 더 자세히 보려고 하는 심리가 있고, 새로운 무언가에는 그것을 경험하고 싶은 심리가 있고, 자신에게 유익한 무언가에 적극적인 행동심리가 있다. 이 3가지를 잘 활용하면 고객을 끌어당기는 장사를 할 수가 있다. 매장 밖의 고객을 끌어당기기 위해서는 매장 앞을 지나는 고객의 시선에 호기심을 끌 수 있는 스토리 진열이 고객의 방문을 유도하는 것에 유리하다.

고객 응대 시에도 고객에게 유익한 점을 어필하면서 소비심리를 자극시킬 수가 있어야 하고, 고객이 제품을 구매하는 과정에서 스몰 이벤트를 통해서 재미를 더해준다면 판매는 물론이고 다음 방문을 결정하는 것에 유리해진다. 판매는 지금 당장 우리 물건을 팔아야 매출로 이어지는 것이다.

고객이 고민하는 표정을 지으면서 제품을 구매하지 않고 "다음에 꼭 사러 올게요!"라는 말을 했다고 하자. 아마도 그런 말을 한 고객 중 70%는 우리 매장을 다시 방문하지 않는다. 우리가 흔히 하는 "다음에 해야지."라는 말은 하지 않겠다는 말과 같은 것이다. 판매는 철저한 현실 게임이고, 지금이라는 것에 승부를 걸지 않으면 내일은 없다. 지금이라는 것에 내가 할 수 있는 모든 것을 쏟아부어서 고객의 소비심리를 자극해야 한다. 고객이 충분히 우리 물건에 매료가 되었다면 지금 구매를 하지 다음에 구매를 하지 않는다. 왜냐하면 다음에 다시 오면 그 물건이 없어질 수도 있다는 것을 고객 자신도 너무나 잘 알고 있는 사실이기 때문이다. 그래서 우리는 고객을 끌어당기는 3가지 심리를 최대한 활용해서, 지금이라는 시간에 고객이 우리의 물건을 가져갈 수 있게 하는 것이 가장 중요한 판매 철학이 되어야 한다.

판매자들은 매장의 디피 진열이나 고객에 대한 응대 멘트에 호기심과 재미와 유익함이 자연스럽게 녹아져 있는지를 점검해야 한다. 판매는 준비하는 만큼 성공률이 높아진다. 홈쇼핑의 쇼호스트들은 20분이라는 제한된 시간 안에 몇억의 매출을 올리기도 한다. 이들은 방송 전 제품 진열과 멘트에 고객의 심리를 끌어당기는 호기심, 재미, 유익함을 충분히 함유시켜 연습한다. 멘트를 작성해 주는 작가들 또한 심리전문가들의 조언이나 디렉팅을 받고 준비한다고 한다. 이처럼 판매는 사전에 준비를 충분히 하는 만큼 좋은 매출을 만들 수가 있는 것이다.

> **판매 고수의 조언**
>
> ☞ **고객을 끌어당기는 3가지 심리**
> 1) 호기심
> 2) 재미
> 3) 유익함

소리 없이 등을 돌리는 고객이 가장 무서운 고객이다

　평소 판매영업을 하다 보면 매장에 찾아와 소리 내어 불평불만을 이야기하는 고객이 있는가 하면, 소리 없이 등을 돌리는 고객도 있다. 차라리 매장을 방문해서 자신의 불평이나 불만을 이야기하는 고객이 더욱 감사한 고객이라 할 수 있다. 불평불만을 직접적으로 말하는 고객을 통해서 우리의 제품이나 서비스를 개선할 수 있는 힌트를 얻을 수가 있기 때문이다. 또한 고객이 어필하는 불평불만을 해결함으로써 잃을 뻔한 고객과의 관계를 회복할 수 있는 기회를 얻기도 한다. 하지만 우리의 제품이나 서비스에 불평불만을 직접적으로 어필하지 않고 "이 매장의 제품은 별로야. 나와는 맞지 않는 곳이야. 다음부터는 가고 싶지 않아."라는 마음으로 등을 돌리는 고객이 생겨난다면 고객과의 관계를 회복할 수 있는 기회조차 없어지기 때문에 가장 큰 손해라고 생각해야 한다. 자신이 영업하는 매장의 품목이나 규모에 따라 고객 한 명의 가치가 조금씩은 다르겠지만, 보통 고객 한 명당 3천만 원의 가치가 있다고 한다. 첫 구매시점부터 마지막 구매가 가능한 연령대까지의 기간을 고려한다면 고객 한 명당 우리 매장에 매출을 만들어주는 금액이 평균 3천만 원 정도가 된다는 것이다. 소리 없이 등을 돌리는 고객이 생겨난다면 단순히 고객 한 명을 잃은 것이 아니라, 3천만 원이라는 금액 손실이 발생하는 것과 같다. 만약 소리 없이 등을 돌린 고객이 제3자들에게 좋지 않은 소문까지 내게 된다면 그 손실은 더욱 커지게 된다. 그래서 우리는 두 가지를 명심해야 한다. 첫 번째는 매장에 직접 찾아와 소리 내서 불평불만을 이야기하는 고객을 '진상'이라는 몹쓸 표현을 하면서 방어만 할 것이 아니라, 오히려 감사하는 마음으로 더욱 신뢰를 회복할 수 있도록 최선의 노력을 다해야 한다. 이때에는 매장 내에 있는 가장 높은 리더가 직접 응대하는 것이 효과적이다. 매장 내에 많은 권한을 가지고 있는 리더가 클레임 고객을 직접적으로 응대한다면 고객과의 관계 회복이 더욱 쉽고 빨라지게 된다. 두 번째로 명심해야 할 것은 소리 내지 않고 등을 돌리는 고객을 쉽게 간과해서는 안 된다. 혹시나 단골 중에서 최근 방문이 없던 고객의 경우, 안부 전화를 통해서 우리 매장에 대한 만족도를 끊임없이 체크해야 한다. 또한 판매 시에도 카운터에서 결제를 받으면서 고객에게 제품 사용 시 불편한 점 있으면 언제든지 연락 달라고 말하는 것도 큰 도움이 된다.

> 🔔 **판매 고수의 조언**
>
> ☞ 소리 없이 등을 돌리는 고객을 가볍게 간과해서는 안 된다. 고객 한 명 한 명은 3천만 원 이상의 매출가치가 있다는 것을 명심해야 한다.

고객을 내 편으로, 고객을 나의 홍보대사로

　인간이라면 누구나 성공하고 싶어 한다. 그리고 부자가 되고 싶어 한다.

　그러나 성공과 부는 혼자 힘으로는 이룰 수가 없다. "빠르게 가려면 혼자 가고, 멀리 가려면 함께 가라!"라는 아프리카 속담처럼, 큰 목적지에 도달하기 위해서는 우리 모두 함께 가야 한다. 즉, 나의 편이 있어야 멀리 갈 수가 있는 것이다. 장사를 하는 것도, 판매를 하는 것도 내 편을 잘 만들어야 원하는 목표에 수월하게 도달할 수가 있게 된다. 협력자가 있는 것과 협력자 없이 혼자만의 힘으로 살아가는 것은 엄청난 차이가 난다.

　그렇다면 판매자에게 협력자란 누구를 말하는 것인가? 판매자가 하루 중 가장 가까이에서 대화하고 관계십을 만들어가는 대상은 바로 고객이다. 어쩌면 가족보다 더 많이 서로 부대끼며 하루하루를 보낸다. 판매자에게 고객은 떼레야 뗄 수가 없는 존재이다. 판매자는 고객의 도움 없이는 자신의 가치를 증명할 수가 없다. 판매자에게 고객은 자신의 목표를 이루기 위한 가장 핵심 관계인 것이다. 판매자가 고객을 협력자의 관계로 만들어가는 재주가 있다면, 판매자 자신의 등에 날개를 단 것과 같은 것이 된다. 고객을 협력자로 만들 수 있다면 매출 상승뿐만 아니라, 주변의 많은 지인들에게 긍정적인 소문을 내어주고 홍보를 해준다. 즉, 우리 매장과 판매자를 널리 알리는 홍보대사의 역할을 톡톡히 하게 되는 것이다.

그렇다면 판매자가 고객을 자신의 협력자로 만들기 위해서는 어떤 방법이 있을까? 첫 번째는 호감을 주는 것이다. 고객에게 우리 매장과 판매자 자신에 대한 호감을 줄 수가 있어야 한다. 고객은 자신이 호감을 느끼는 대상에게 적극적으로 행동을 하게 된다.

호감을 주기 위해서는 고객의 불편함을 해소시켜 주는 노력이 필요하다. 늘 고객에게 필요한 서비스가 무엇인지를 계속해서 살펴보는 것이 핵심 포인트가 된다. 고객과 대화를 나누다가 고객의 표정에서 갈증이 느껴진다 싶으면 적당한 온도의 물 한 잔을 건네는 아주 사소한 서비스에 고객은 감동을 받는다. 물 한 잔의 가치는 높지 않지만, 고객이 진정 필요한 타이밍에 제공되는 물 한 잔의 가치는 상상 이상으로 높다. 이렇게 작은 서비스일지라도 고객의 불편함을 해소시켜 주는 서비스를 타이밍에 맞게 제공한다면, 고객은 만족을 넘어 감동을 받는다. 또한 판매자는 외모를 단정하게 하고, 고객을 존중하는 말투로 예의를 지킨다면 고객으로부터 호감을 얻게 된다. 그리고 고객과의 소통 중 고객의 말에 공감하는 리액션을 해준다면 더욱 호감지수를 높일 수가 있다. 이렇게 판매과정에서 고객의 불편함을 해소시켜 주는 서비스와 고객과의 대화를 통해 공감지수를 높여간다면 고객으로부터 높은 호감을 이끌어낼 수가 있게 된다. 마지막으로 고객 만족을 넘어 우리 매장과 판매자의 홍보대사로 만들기 위해서는 나의 목표를 공유하는 것이 핵심 포인트이다.

예를 들어, 고객이 제품 구매 후에 계산을 마치고 매장 밖을 나설 때, "제가 지난달에 전국 매출 2등을 했는데, 1등을 한 번도 못해 봤어요! 고객님께서 오늘 구매하신 제품을 사용해 보시고 만족스럽다면 주변 분들께 많은 소개 부탁드립니다. 고객님이 워낙 발이 넓으실 것 같아서 부탁을 드립니다."라고 말했을 경우, 만족한 고객이라면 마음속에 작은 책임감이 만들어지게 된다. 자신이 호감을 느낀 판매자의 목표를 알게 된다면, 그 판매자의 목표를 함께 이루어주고 싶은 응원의 마음이 생겨나기 때문에, 적극적으로 주변 지인들에게 홍보하게 될 것이다. 실제로 구매 후 얼마 지나지 않아 그 고객이 주변 지인과 함께 우리 매장을 찾게 된다면, 작은 선물을 챙겨준다든지 해서 홍보해 준 고객에게 보람을 느끼게 해야 한다. 이렇게 판매자가 응대하는 고객에게 호감을 주고 자신의 목표를 함께 공유한다면, 새로운 고객으로의 확장이 이루어지게 된다.

> **판매 고수의 조언**
>
> ☞ 판매자는 자신이 응대하는 고객에게 호감을 주고, 자신의 목표를 함께 공유한다면 고객은 자신의 제품을 구매하는 것을 넘어 홍보대사가 되어주게 된다.

처음 오는 고객이 가장 큰 기회

판매를 하다 보면, 하루 매장 방문 고객 중 절반이 처음 방문하는 고객이다. 식당처럼 매일 찾는 곳이 아닌, 패션의류나 소매점의 경우에는 거의 절반 이상이 처음 방문하는 고객일 것이다. 판매자가 어설픈 장사 노하우를 가지고 판매를 한다면, 우리의 눈에 익숙하고 친분이 있는 단골 고객이나 지인 고객을 가장 먼저 응대하고 최고의 친절을 베풀어야 한다고 생각한다. 하지만 장사의 효율을 높여주는 고객은 우리 매장을 처음으로 방문한 고객이다. 처음 방문한 고객은 우리 제품을 구매한 적이 없어서, 여러 제품을 한 번에 구매할 가능성이 높고, 사은품이나 특별한 할인이 없어도 판매자의 친절에 감동하여 재방문을 약속한다. 하지만 지인이나 단골의 경우, 사은품이나 특별한 서비스를 제공하지 않게 되면, 쉽게 서운한 감정을 느끼고, 익숙해진 서비스에 면역이 되어 있어서 감정적으로 많은 소모가 생겨난다. 그렇다고 해서 단골이나 지인들에 대한 판매가 나쁘다거나 도움이 되지 않는다는 것이 아니라, 그들에게 의존한 매출 형성이 좋지 않다는 것이다. 매장을 운영하면서 매출을 단골이나 지인을 대상으로 한 판매에만 의존한다면 할인율이나 서비스 지출이 높게 형성이 되어 이익 효율이 떨어지는 장사를 하게 된다는 것이다. 또한 불필요한 감정 소모가 많아져서 그만큼 효율은 낮고, 감정이나 체력적으로 힘든 장사를 할 수밖에 없게 된다. 단골이나 지인을 대상으로 한 판매는 플러스 알파라고 생각하고, 처음 오는 고객에게 감동을 주는 장사를 해야 한다. 즉, 오늘 처음 온 고객을 재방문으로 이끄는 감동 판매를 해야만 새로운 고객을 끊임없이 창출하는 것이 되어, 기존의 단골이나 지인의 방문이 뜸해질 때의 대비책이 된다. 물론 단골과 지인들의 판매에도 좋은 서비스를 하는 일은 너무나 중요하다. 하지만 처음 오는 고객을 가장 중요하게 여기며 그들에게 감동을 주고 재방문을 약속받는 장사만이 선순환을 끊임없이 할 수 있는 장사를 하게 되는 것이다. 식당의 경우도 예외는 아니다. 처음 식당을 오픈하면 지인들로 테이블이 채워진다. 그러다 지나가던 새로운 고객이 오면 자리가 없다고 다음에 오시라는 말을 하게 된다. 또한 처음 방문한 고객에게는 신경을 쓰지 못하고 지인의 테이블에만 온갖 서비스를 제공하며 고맙다는 인사를 한다.

처음 식당을 방문한 고객은 서비스 하나 제대로 제공받지 않았는데도 제값을 내며 잘 먹었다는 인사까지 하며 식당을 나서지만, 지인의 경우 온갖 서비스를 받고도 자신이 음식을 팔아줬다며 으

스댄다. 패션의류 매장이나 소매점의 경우는 더욱 그렇다. 판매자에게 가장 큰 기회를 주는 고객은 바로 오늘 처음 우리 매장을 방문한 고객이라는 것을 명심하고 그들에게 최고의 서비스로 승부를 걸어야 한다.

> **판매 고수의 조언**
>
> ☞ 판매자에게 가장 큰 기회를 제공해 주는 고객은 지인도, 단골고객도 아니다. 오늘 처음 우리 매장을 방문한 고객이라는 것을 명심하고 그들에게 최고의 서비스로 승부를 걸 수가 있어야 한다.

처음 방문한 고객, 단골 고객, VIP 고객, 충성 고객

고객의 종류를 분류해 보면 처음 방문한 고객, 단골 고객, VIP 고객, 충성 고객이 있다. 처음 와서 구매한 고객이 자주 방문하여 구매하면 단골 고객이 되고, 매장을 방문할 때마다 비교적 큰 값을 치르는 고객은 VIP 고객이 되고, 머리부터 발끝까지 모두 우리 제품만 착용한다면 충성 고객이 되는 것이다. 이들마다 접근 방식과 판매방식이 달라야 좋은 매출을 만들어갈 수가 있다.

우선 처음 방문한 고객은 우리 매장 제품에 대한 정보가 적기 때문에 우리 매장과 제품에 대한 요약된 스토리를 전달하는 것이 중요하다. 누구나 상대에 대한 정보가 정확할 때, 안심하고 신뢰하게 된다. 우리가 누군가를 잘 알게 되면 이름과 직업을 공개하는 것처럼, 우리 매장에 대해 잘 요약된 소개를 하고, 판매를 시작하는 것이 유리하다. 그리고 처음 온 고객의 경우, 우리의 모든 서비스가 첫인상으로 남기 때문에 섬세하게 접근해야 한다. 무조건적으로 팔려고만 하는 것이 아니라, 고객의 방문목적과 구매 포인트를 스몰 토크를 통해 체크한 후 그에 맞게 고객에게 도움이 되는 판매를 해야 한다. 이 제품은 이것이 좋고 저것이 좋다는 말보다, 이 제품이 고객님에게 도움이 될 것 같다는 식으로 말을 전하는 것이 좋다. 고객은 자신에게 도움이 되고 혜택이 주어지는 것을 찾아서 챙겨주는 판매자에게 호감을 갖는 동시에 신뢰를 불러일으키기 때문이다.

단골 고객의 경우에는 우리 매장에 대한 정보를 잘 알고 있는 고객이라, 굳이 매장에 대한 요약 스토리를 설명할 필요는 없다. 안부나 근황을 물으며 스몰 토크를 이어가는 것이 좋다. 즉, 인간적으로 다가가서 친밀감을 한 번 더 느낄 수 있게 하는 것이다. 그리고 제품을 권할 때에도 미리 파악된 고객의 라이프스타일을 언급하며 제품을 맞춤으로 골라주는 것이 좋다. 예를 들어, 지난번에 구매한 제품을 언급하며 그것에 연계되는 제품을 보여주는 것도 좋고, 새로운 아이템을 보여주며 호기심을 자극하는 것도 좋다.

VIP 고객은 말 그대로 큰 매출을 올려주는 큰 고객이다. 이들은 새로운 신상이나 리미트 제품에 호감을 갖는다. 큰 소비를 하는 VIP 고객의 소비 특징은 남들보다 빠르게 체험하는 것과 남들이 쉽게 접근하지 못하는 제품에 관심을 갖는다는 것이다. 그렇기 때문에 VIP 고객들에게는 new!와 limit!가 핵심 셀링 포인트이다.

마지막으로 충성 고객은 머리부터 발끝까지 우리 제품만 선호하는 가장 의리심이 넘치는 고객이다. 어쩌면 이들이 가장 많은 감사함을 표시해야 하는 고객층인 것이다. 방문목적이 무조건 구매한다는 의지이기 때문에, 애써 제품 설명을 하기보다 그들에게 필요한 것을 물어보고 제품을 컨텍하게 한다면 판매에는 무리가 없다. 제품 판매 후에 이들에게는 무엇이 되든 선물을 증정해 주는 것이 좋다. 고객 누구에게나 제공되는 사은품이 아닌, 특별한 것을 챙겨주며 감사의 표시를 해야 한다. 충성 고객은 의리심이 높아서 가족이나 친지에게까지 홍보를 해주고 그들의 손을 붙잡고 함께 방문하는 경우가 많다. 정말 고마운 고객인 것이다. 가장 특별하게 신경쓰고 선물을 따로 챙겨주는 것이 핵심 관리법이다.

> **판매 고수의 조언**
>
> ☞ 고객의 분류에는 오늘 처음 방문한 고객, 단골 고객, VIP 고객, 충성 고객으로 나뉜다. 고객의 분류에 맞게 판매를 해야 그들과의 좋은 관계가 지속될 수가 있고, 높은 매출을 올릴 수가 있다.

내가 가장 잘 보여야 할 대상은 고객

    일터에서 일을 하다 보면 사장 눈치만 보며 일하는 직원이 있고, 사장 눈치보지 않고 고객에게 늘 최선을 다하는 판매자가 있다.

    나도 직원시절 그런 선배직원을 가까이에서 본적이 있다. 사장님이 매장에 있을때만 열심히 하는척, 적극적으로 하는척..그렇게 척척척을 하던 선배직원이 있었다...시간이 흘러 우리는 똑같이 독립을 해서 각자의 매장을 운영하는 사장이 되었다..어떻게 되었을까? 늘 사장눈치만 보던 선배직원은 오픈한지 얼마되지 않아 가게 문을 닫게 되었고 사장의 눈치가 아닌 고객에게 늘 최선을 다했던 나는 나날이 매장을 확장해 나갈 수가 있었다..장사는 고객으로부터 모든 수익이 발생된다..직원시절부터 소중한 장사철학 중 하나는 나의 월급은 사장님이 아닌 나의 고객님이 주신다고 믿었다..사장님은 고객님이 계산한 돈을 월급이라는 명분으로 나에게 전달만 할뿐이었다..매장의 모든 수익은 고객으로부터 나오며 나의 월급또한 나의 고객으로부터 나온다는 마음가짐으로 일했다..그렇게 직원시절을 보내고 막상 나의 매장을 운영하는 사장이 되었을 때 크게 두려울것이 없었다..이유는 나는 늘 고객에게 최선을 다하며 고객의 마음을 사로잡는것에 익숙해져 있었기 때문이다..분명 직원시절은 영원하지 않다..아니, 장사를 배워서 직원시절이 길면 길수록 그것은 실패한 인생이다..언젠가 자신의 매장을 운영하는 사장이 되어야 좀 더 큰 미래를 만들어갈 수가 있다..직원이 사장이 되는 가장 빠른 지름길은 사장님에게 잘 보이기 위해 척척척..하는 것이 아니라 매 순간 고객에게 최선을 다하는 것이다. 만일 이글을 읽고 있는 독자 중 장사로 성공하고 부자가 되고 싶다면 꼭 명심해야 한다..내가 가장 잘 보여야 할 대상은 사장님이 아니라 고객이라는 사실을 !!

> **판매 고수의 조언**
>
> ☞ 내가 가장 잘 보여야 할 대상은 사장님도 아니고, 직장 선배도 아니다. 바로 내가 응대하는 나의 고객 님이다!

고객을 넘어 내 삶의 귀객으로

고객의 사전적 의미는 매장에 물건을 사러 오는 손님을 뜻한다. 대부분의 판매자들에게도 고객이란 물건을 사러 오는 손님 그 이상도, 그 이하도 아니라고 생각한다. 판매자는 분명 두 부류로 나뉜다. 상품 판매로 자신의 삶을 근근이 이어가는 부류와 판매를 넘어 고객과의 중요한 관계십을 만들고 그들을 통해 자신의 삶을 성공으로 이끄는 부류이다. 모든 판매자들은, '고객은 나에게 어떠한 존재인가?', '나에게 얼마나 중요한 대상인가?'라는 것을 깊이 생각해 봐야 한다. 판매자는 고객으로 인해 성공하고, 고객으로 인해 실패한다. 그러므로 판매자는 단순히 물건 하나 잘 파는 것에 만족할 것이 아니라, 고객 한 명 한 명을 내 삶의 귀인이라 생각해야 한다. 단순히 고객을 넘어 내 삶의 귀객이라고 생각한다면, 판매자의 판매 태도는 확연히 달라지게 될 것이다. 우리의 삶에는 세 가지 관계 상자가 있다. 좋아함의 상자, 중요함의 상자, 소중함의 상자가 있다. 우리는 이 세 가지 관계 상자를 지혜롭게 관리를 해야만 자신의 주변 관계를 건강하게 이어갈 수 있게 된다. 첫 번째 좋아함의 상자에는 친구, 연인, 주변의 지인이 있다. 친구, 연인, 주변의 내가 좋아하는 지인들을 단순히 좋아하는 것이다. 이들은 나의 관계 상자 중 좋아함의 상자에 담아야 한다. 두 번째 관계 상자인 중요함의 상자에는 나 자신이 있다. 나 자신과 관련된 것을 말한다. 이 중에는 일도 포함된다. 나의 일은 나의 정체성을 대변하는 것이기 때문에, 나의 일 또한 나 자신에 포함된다. 세 번째 관계 상자인 소중함에는 가족이 있다. 가족 외에는 그 어떤 것도 소중함의 상자에 들어가서는 안 된다. 즉, 가족보다 소중한 것이 있으면 안 된다는 말이다. 이렇게 개념을 정리해 본다면, 나의 일은 나 자신과 동일시되는 중요한 행위이다. 판매자에게 고객이란 매우 중요한 대상이다. 고객을 내 삶의 중요한 귀객으로 여기고 대한다면, 고객 또한 우리에게 귀객이 되어줄 것이다. 판매 분야에서 실력이 상위 10% 안에 속하는 판매 상급자의 경우에는 고객을 대하는 마음 자체가 다르다. 고객 한 분 한 분을 중요한 귀객으로 여기고, 고객에게도 그런 마음이 느껴질 정도로 서비스를 다한다. 때로는 마음에 맞지 않는 고객이나, 불평불만으로 판매자에게 상처를 주는 고객도 있다. 하지만 그럼에도 불구하고 고객 한 분 한 분이 우리 삶의 귀객이라는 것을 잊어서는 안 된다. 귀객은 판매자의 삶에 성장과 성공에 가장 영향을 미치는 존재이다. 판매자의 성공 그릇은 돈을 담는 그릇을 말하는 것이 아니다. 사람을 담는 그릇을 말한다. 판매자의 그릇이 커지려면 고객 한

분 한 분을 자신의 삶의 귀객이라고 생각하고 여러 성향의 많은 고객을 자신의 그릇에 담을 수가 있어야 한다.

> **판매 고수의 조언**
>
> ☞ 판매자에 있어서 고객은 단순한 손님을 넘어 자신의 삶의 귀객으로 여겨야 그 귀객으로 인해 판매자의 성장과 성공을 만들 수가 있게 된다. 지금부터 일터에서 고객 한 분 한 분을 내 삶의 귀객으로 여기고 대하자!

고객과의 거리 간격(불가근불가원)

　판매를 하다 보면 여러 고객과 친분이 형성된다. 때로는 고객과 친구가 되기도 하고, 때로는 연인 사이로 발전하기도 한다. 즉, 공적인 일터에서 만난 고객이 사적인 사이로 발전되는 것이다. 하지만 판매자로 성공을 거두기 위해서는 공이 사로 발전되는 것을 철저하게 경계해야 한다. 예를 들어, 한 단골 고객에게 일을 마친 후 차 한 잔하자며 연락이 와서 약속을 잡고 만나게 되면, 그 이후부터는 사적관계로 발전하게 되어 매장 방문 시에는 커피를 사 들고 와서 매장 물건 구매에는 관심이 없고 온전히 판매자와 사담만 늘어놓게 된다. 고객 관리한답시고 중요한 고객 한 명을 잃은 꼴이다. 시간이 지날수록 커피 한잔이 밥 한 끼가 되고, 맥주 한잔을 함께하는 사이로 발전하게 된다. 판매자는 명심해야 한다. 일터에서 알게 된 고객 한 명이 사적인 만남으로 발전되면 자신의 영업은 실패한 것과 같다는 사실을. 판매자는 고객과의 거리 간격을 철저하게 지켜나가야 한다. 목적 없는 고객이 매장을 방문하는 경우가 늘어날수록 그 매장의 악순환은 시작된다. 매장에는 우리 물건을 구매하기 위한 분명한 목적을 가지고 방문하는 고객으로 채워져야 매장이 건강하게 돌아간다. 마치 사교모임의 한 장소처럼 변질되면 안 된다. 작은 규모의 1인이 운영하는 옷 가게의 경우, 마치 단골 고객들의 모임장소가 되어 매장에서 상을 펴놓고 밥까지 같이 먹으며 친목 도모를 하는 모습을 볼 수 있다. 이런 매장은 6개월을 넘기지 못한 채 매장 입구에 임대라는 문구를 붙이게 된다. 모든 일에는 목적이 분명한 사람과 그 목적을 해결하는 것에 최선을 다할 때 관계도 지속될 수가 있고, 돈도 함께 벌 수 있는 것이다. 판매업은 더욱 그렇다. 고객 한 분 한 분이 우리 매장에 우리 물건이 필요해서 그 물건을 구매하기 위해 방문하는 고객이어야 한다. 간혹 지인이 방문할 수도 있겠지만, 이 또한 목적 없이 판매자의 얼굴을 보기 위해 방문하여 너무 오랜 시간 동안 일터에서 머물게 된다면, 이는 매장과 판매자에게 큰 피해를 주는 것이다. 판매자의 성공은 일터인 매장에서 이루어진다. 성스러운 일터에서 목적 없는 관계를 이어간다면, 이는 성공을 만들기에 희망이 없다. '불가근불가원(不可近不可遠)'이라는 한자성어가 있다. 너무 멀지도 않고 너무 가깝지도 않은 상태를 말한다. 판매자와 고객은 '불가근불가원'의 거리 법칙을 잘 지켜야 한다. 너무 멀지 않게 인간미 있게 대하며, 좋은 감정을 갖고 교제하되 일터 밖에서 따로 만나는 사적인 발전은 절대로 금해야 한다. 가까운 선이 무너지면 자신의 성장과 성공을 만들어줄 고객 한 명을 잃게 되는 것이다. 고객의 목적은 자신이 필요한 좋은 물건을 발견하여 구매하는 것이고, 판매자는 고객이 필요한 물건을 찾아주고 그 물건을 판매하는 것이다. 무슨 일이든 자신의 목적을 잃으면 성장과 성공은 멀어지게 된다. 명심하자. 고객은 일터에서만~!!

> **판매 고수의 조언**
>
> ☞ 판매자는 공적인 일터에서 만난 고객을 사적인 관계로 이어가면 안 된다. 철저하게 공과 사를 구별하고, 고객은 일터에서만 서로의 목적을 해결해 주는 관계로만 이어가는 것이 자신의 고객을 지켜나가는 방법이다.

고객과 피객의 구분법

판매자가 고객을 응대하다 보면, 고객의 신분으로 매장을 방문했지만, 매장에 피해를 주는 피객(피해야 할 고객)이 생겨난다. 물론 모든 고객을 자신의 그릇에 담을 수 있어야 하겠지만, 아주 극소수의 고객의 경우 매장에 피해를 주기도 한다. 예를 들어, 정신건강이 좋지 않은 사람이 와서 다른 고객에게 피해를 준다거나, 변태스러운 남자 고객이 여성 직원들을 성희롱한다거나, 구매해 간 후 며칠 있다가 물건을 들고 와서는 트집을 잡으며 매번 직원들과 실랑이를 벌이면서 환불을 요구한다거나 하는 등 여러 경우가 발생한다. 매장의 큰 리더는 이런 고객이 피객이라고 인식될 경우, 특별한 조치를 취하는 것이 옳다. 매장 밖으로 나가달라고 설득하는 등 요청을 단호하게 해야 한다. 요청에 응하지 않는 고객의 경우에는 경찰을 불러서 경각심을 주는 것도 좋다. 판매자의 경우에도 피객이라고 생각되면 매장 내의 동료나 리더와 상의를 한 후 조치를 취해야 한다.

모든 고객이 귀객이 될 수는 없다. 매장에 매번 피해를 주고 소란을 일으키는 고객의 경우에는 다른 고객과의 분리가 분명 필요하다. 판매자는 모든 고객 응대에 최선을 다해야겠지만, 예외는 있는 것이다. 그 기준은 다른 고객에게 피해를 주는 단계를 말한다. 클레임 고객의 경우에도 단순히 매장이나 판매자에게 자신의 불평불만을 하소연하는 것은 어쩌면 당연히 판매자가 받아들여 할 사안이지만, 주변 고객들에게까지 피해를 주면서 소란을 피우거나, 직원에게 선을 넘는 막말이나 욕설을 하며 물리적인 폭행을 가하려고 위협하는 고객은 분명한 피 객이다. 빠른 조치로 분리를 시키는 것이 현명한 대처법이다. 판매자는 판매를 오래 해야 자신의 분야에서 커리어를 쌓고 성공의 단계까지 오를 수가 있다. 자신이 하는 일을 지속 가능하게 하기 위해서는 우선 자신이 지치지 않아야 한다. 지치지 않기 위해서는 일터에서 상처받는 일이 있더라도 지혜롭게 스스로를 잘 지켜내는 것이 중요하다. 판매자는 자신이 응대하는 고객 모두에게 정성과 최선을 다해야 하겠지만, 예외 없이 스스로가 깊은 상처를 받으면서까지 그 의무를 다할 필요는 없다고 생각한다. 고객과 피객을 구분하고, 고객을 귀객으로 생각하고 정성을 다하되 피객 또한 잘 구분하여 분리 대상으로 대처해야 한다.

> **판매 고수의 조언**
>
> ☞ 고객과 피객을 구분하고, 피객으로부터 피해를 최소화할 수 있게 대처해야 한다.

장사를 하면서 고객 응대보다 우선시되는 것은 없어야 한다

판매자에게 자신의 일터와 고객에 대한 개념을 정리해야 하는 것은 너무나 중요한 일이다. 왜냐하면 하루 중 가장 많은 시간을 투자하는 곳이 일터이고, 가장 많이 대화하고 소통하는 대상이 바로 고객이기 때문이다. 판매자에게 일터란 자신의 꿈을 이루어주는 꿈터라고 생각해야 한다. 판매자는 자신의 일터를 단순히 돈을 버는 노동 현장으로만 여긴다면, 그는 결코 노동자의 삶에서 벗어날 수가 없다. 일터를 자신의 꿈을 이루어줄 수 있는 곳이라 여기고, 자신의 꿈을 위해 하루하루 성장을 한다는 각오로 임한다면, 분명 그 꿈터를 통해서 자신의 꿈을 이루게 될 것이다.

판매자는 고객을 자신의 꿈을 이루어주는 대상이라 생각해야 한다. 판매자의 연봉은 고객과의 응대에 따라 결정된다. 모든 업종이 그렇듯, 직원의 연봉은 성과지수에 의해 좌우된다. 특히 영업맨들이나 판매직에 종사하는 사람들의 연봉은 판매 성과에 큰 영향을 받는다. 판매 성과는 온전히 고객과의 관계로부터 이루어진다. 결론적으로 고객은 연봉을 올려주고 경제적 가치를 높여주는 대상인 것이다. 하지만 대부분의 판매자들은 회사대표의 눈치만 보고 점수를 얻고 싶어 하는 데 반해, 정작 자신이 응대하는 고객과의 관계를 간과하는 경우가 참 많다.

판매자는 분명하게 기억해야 한다. 판매자의 성공의 황금열쇠는 고객과의 관계에 있다는 것을. 판매자가 고객과의 관계를 가장 중요하게 생각하여 그들의 불편함을 해소해 주고 유익함을 제공해 줄 수 있다면, 회사대표의 눈치를 볼 필요가 없게 된다. 그만큼 당당해진다는 것이다. 필자는 장사경력 25년 동안 단 하나의 철학이 '나의 성공은 고객으로부터 나온다.'였다. 그러므로 판매자는 자신의 업계에서 성공을 이룰 때까지 고객을 단순히 우리 매장을 방문하는 손님이 아니라, 성공의 문을 열어주는 황금열쇠를 쥐고 있는 귀한 사람으로 여겨야 한다. 판매하는 시간은 그 누구의 방해도 없어야 하고, 온전히 고객을 최우선시해서 고객을 응대하는 순간을 하루 중 가장 중요한 순간으로 여기고 몰입해야 한다. 그 몰입의 시간이 더해져서 자신의 커리어가 쌓여지고 결국 전문가로 탈바꿈이 되는 것이다. 이렇게 자신이 일하는 일터를 꿈터로 여기고, 매 순간 소통하는 고객이 자신의 꿈을 이루어주는 가장 중요한 대상으로 여길 때, 자신의 분야에서 전문가라는 최고의 모습으로까지 성장할 수 있게 된다.

> **판매 고수의 조언**
>
> ☞ 판매자는 자신의 일터를 꿈터로 여기고, 고객과의 관계를 가장 중요하게 생각한다면, 분명 자신의 일터에서 꿈을 이루고 자신의 고객으로 인해서 성공할 수 있게 될 것이다.

고객은 기버(giver)들에게 가장 약하다

인간의 유형에는 기버(giver), 테이커(taker), 기브앤테이커(give&taker)가 있다. 이 중 10%는 기버에 속하고, 또 10%는 테이커이고, 나머지 80%가 기브앤테이커의 성향을 가지고 있다고 한다. 즉, 누군가에 받으면 그에 대한 무언가를 돌려주고 싶은 성향이 가장 많다는 것이다.

판매의 영역은 철저한 심리과학이라고 생각한다. 고객의 심리를 잘 알고 활용한다면 판매는 더욱 쉬워진다. 예를 들어, 인간의 유형 중에 기브앤테이커가 가장 많다는 것을 인지하고 활용한다면, 고객에게 단순히 제품의 기능만 설명할 것이 아니라, 이 제품으로 고객이 얻을 수 있는 혜택이나 유익한 점을 어필하는 것이 더욱 설득력이 있다. 또한 구매 후에 작은 사은품이라도 챙겨주게 된다면, 그 고객의 재방문율을 높이는 데 탁월한 기능을 하게 된다. 이렇듯 고객은 작은 포인트, 점수 하나에도 구매력에 영향을 받게 된다. 판매자는 고객에게 물건을 팔려고만 하지 말고 고객에게 필요한 무언가를 채워주려는 노력과 유익한 것을 무엇이라도 주려는 것에 열정을 쏟아야 한다. 판매는 결과이지 과정이 아니다. 과정의 영역에서 판매라는 결과물만 조급하게 얻으려 하지 말고, 고객이 필요한 것을 채워주고 불편함을 해소해 줄 수 있는 소스를 찾아 제공하는 것이 된다면, 판매는 저절로 따라오게 되는 것이다. 우주만물의 법칙 중 하나는 순리대로 따를 때, 가장 좋은 결과가 난다는 것이다. 과정의 노력 없이 결과만을 바라는 것은 도둑놈 심보와 같다. 선조들의 지혜 중 '진인사대천명(盡人事待天命)'이란 고사성어처럼 충분한 과정에 적합한 노력을 하고, 좋은 결과를 기다리는 것이 인간의 도리이다. 판매자들은 고객에게 무엇을 팔지보다, 먼저 무엇을 줄지를 고민하고 시스템화할 때, 자신의 성공을 더욱 빠르게 만들게 될 것이다.

> **판매 고수의 조언**
> ☞ 무엇을 팔지보다 먼저 무엇을 줄지를 생각해라!

고객의 가족, 지인까지도 모두
추가 고객으로 삼아라

　판매자는 고객을 응대할 때, 스몰 토크를 통해서 고객의 라이프스타일을 파악하는 것이 너무나 중요하다. 고객의 라이프스타일을 파악한 후에 제품을 판매하는 것은 마치 해답지를 얻고 문제를 푸는 것과 같다. 이처럼 고객과의 스몰 토크를 통해 고객의 취미나 라이프스타일을 파악한 다음, 작은 질문들을 통해 소통하고, 그들의 라이프스타일을 존중하고 치켜세워 준다면, 그들의 삶 전체가 인정받는 기분이 들어 더욱 많은 정보를 제공하게 된다.
　라이프스타일을 파악하게 되면, 고객의 가족이나 지인의 정보까지 알 수 있다. 그렇게 해서 습득한 정보를 통해 고객이 매장을 방문했을 때, 그가 원하는 제품뿐만이 아니라, 그의 가족이나 지인에게 필요한 제품까지 함께 권유한다면, 판매의 효율을 최대치로 끌어올릴 수가 있다. 판매자는 방문 고객 단 한 사람만을 보면 안 된다. 그들의 관계망까지 볼 수가 있어야 한다. 한 번에 여러 대상을 상대로 제품을 판매하는 효과를 볼 수가 있기 때문이다. 판매 상급자의 경우에는 고객과의 스몰 토크로 소통하면서 질문을 통해 가족관계나 취미생활을 함께하는 지인들을 파악한다. 그런 다음 제품을 가족이나 혹은 지인에게 주는 선물로 매칭시키기까지 한다.

고객에게 많은 제품을 보여주고 판매하는 것은 나쁜 행위가 아니다. 그들의 요구에 맞는 좋은 제품을 보여주고, 그들의 라이프스타일에 유익함을 제공하는 것이기 때문이다. 대부분의 판매자들은 고객에게 너무 많은 제품을 보여주는 것 자체가 고객에게 부담을 주고, 좋지 못한 행위라고 생각한다. 고객을 부담스럽게 하는 것은 권하는 제품의 양이 아니라, 권하는 방식과 태도로부터 오는 것이다.

고객을 부담스럽게 하는 판매자의 경우에는 한 가지를 권하든, 두 가지를 권하든 고객의 입장에서는 모두 부담스러운 것이다. 다만, 고객에게 불필요한 것을 지속적으로 권하는 것은 충분히 부담을 주게 되고, 좋지 못한 판매 행위가 된다. 하지만 고객의 경우, 매장에 매일 같이 올 수 있는 것이 아니기에, 최근에 입고된 좋은 제품들에 대해 자연스럽게 정보를 제공하듯이 설명하는 것은 고객에게 부담이 아닌, 유익함을 주는 것이다. 이렇게 고객과의 스몰 토크를 통해서 고객의 라이프스타일과 주변 관계망을 파악하고, 그에 맞는 판매 마케팅을 한다면 판매 영역이 곱절로 확장된다.

> **판매 고수의 조언**
>
> ☞ 판매자는 고객과의 스몰 토크를 통해서 고객의 라이프스타일을 파악하고, 고객의 주변 관계망에 함께 관심을 두고 마케팅을 한다면 판매 영역이 곱절로 확장된다.

고객 한 명의 가치

　매장을 방문하는 고객 한 명의 가치는 얼마나 될까? 아마도 이런 상상을 해본 사장이나 판매자는 그리 많지 않을 것이다. 고객 한 명의 가치는 소매점의 경우, 평균 3,000만 원이라고 한다. 3,000만 원이라는 수치의 근거는 보통 단골 소비자의 경우, 평균적으로 5년~10년 기간 동안 방문한다는 연구 결과 때문이다. 5년~10년이란 기간 동안 단골 소비자뿐만 아니라, 그의 가족과 주변 지인의 소비에도 영향을 미친다고 가정한다면, 아마도 그 이상의 수치도 나올 수 있을 것이다. 물론 평균적인 수치라 모든 업종에 적용하기에는 무리가 있겠지만, 그만큼 고객 한 명의 가치가 크다는 것을 알아야 한다. 판매자 자신이 무심코 흘려보낸 고객이 3,000만 원 이상의 가치이며, 고객 한 명을 잃게 된다면 그만큼의 손해를 볼 수도 있다는 것을 인지해야 한다. 그만큼 자신이 응대하는 고객 한 명 한 명을 정성껏 응대해야 한다는 뜻이다. 자신이 판매하고 있는 물건이 비록 단돈 몇천 원짜리일지라도 그것을 구매하는 고객의 가치는 3,000만 원 이상이라는 것이다. 어떤 판매자는 고객이 몇천 원짜리 제품만을 구매한다고 해서 그 제품을 구매하는 고객의 가치를 몇천 원짜리로 보는 경우가 있다. 몇천 원짜리 제품을 구매하기 전, 고민을 하는 고객을 보면 "단돈 몇천 원에 너무 고민한다."라는 생각까지 하게 된다. 판매자는 비록 몇천 원짜리 제품을 구매한다고 할지라도 고객 한 명당 3,000만 원의 가치가 있다는 것을 인지하고 몇천 원짜리가 아닌 3,000만 원의 제품을 판매하듯이 정성껏 응대해야 한다. 그리고 구매하는 고객에게는 3,000만 원어치의 제품을 구매한 것과 같은 마음으로 감사해야 한다. 판매도 고객에 대한 마인드십이 올바르게 자리 잡을 때, 길게 그리고 크게 성공할 수가 있게 된다. 주변의 여러 상점을 방문해서 사장이나 판매자의 태도를 보면, 고객에 대한 개념을 제대로 정립하지 않은 채 판매하는 모습을 쉽게 볼 수 있다. 이런 경우 브랜드 인지도나 제품의 인기에 따라 판매 매출을 올리는 것에는 표시가 나지 않겠지만, 길게 보면 실패하는 장사를 하게 된다. 특별히 자신의 아이템이 좋아서 잠시 반짝이는 매출로 사업소득을 올릴 수는 있겠지만, 꾸준하게 좋은 매출을 유지하는 것이 중요하다. 즉, 고객에 대한 올바른 개념이 정립되어 있지 않고 판매 매출에만 신경이 집중되어 있다면, 자신의 매출을 꾸준하게 빌드업할 수가 없는 것이다. 좋은 브랜드와 제품 아이템이 고객 입점 유도에 영향을 미친다면, 맨파워인 판매자의 태도나 마인드에 따라 매출 상승을 꾸준하게 지속시킬 수 있을 것인지가 달라진다.

잠시 반짝이는 장사는 좋은 비즈니스가 아니다. 얼마만큼 지속할 수 있는지가 가장 좋은 비즈니스의 기준이 되어야 한다. 지속할 수 있는 힘은 고객관리의 힘에 있다. 우리 매장을 방문하는 고객 중 절반은 우리 브랜드와 제품이 좋아서 방문하는 고객이지만, 나머지 절반은 판매자들이 만들어가는 판매 문화와 판매 태도가 좋아서 꾸준하게 방문하는 고객임을 알아야 한다. 이 점을 간과한다면 절반의 고객을 놓치는 것과 같다.

> 판매 고수의 조언
>
> ☞ 매장을 방문하는 고객 한 명의 가치는 3,000만 원 이상의 가치를 가지고 있다. 고객이 비록 몇천 원짜리 제품을 구매한다고 할지라도 마치 3,000만 원의 제품을 판매하듯이 정성껏 응대해야 하고, 마치 3,000만 원어치를 구매하는 고객처럼 감사해야 한다.

제2부

판매기술 레시피

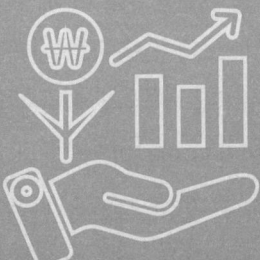

서비스의 정의

서비스(service)란 단어는 섬기다(servant) + 돕다(assist)의 합성어이다. 즉, 누군가에게 서비스를 한다는 것은 섬기고 돕는 것을 의미한다. 대부분의 판매자들은 고객에게 친절한 태도로 서비스를 다했다고 생각한다. 하지만 진정한 서비스는 그 뜻에 따라 고객을 진심을 다해서 섬기고 그들에게 도움을 줄 수 있어야 한다. 어쩌면 판매라는 것이 이 단어 하나에 모든 노하우가 함축되어 있다고 할 수 있다. 판매는 단순히 물건 하나를 고객에게 파는 것이 아니라. 진심을 다해서 서비스를 하는 것이다. 즉, 진심을 다해서 고객을 섬기고 돕는 일이 바로 판매인 것이다. 고객을 응대하는 과정에서 그들을 섬기고 고객의 니즈에 맞는 물건을 찾는 것에 도움을 주는 것이다. 진정한 판매란 이것 이상도 이하도 아니다.

우리나라에서 이 개념을 알고 물건을 판매하고 있는 판매자가 전체 중 몇 퍼센트나 될까? 서비스라는 본연의 뜻만 가슴에 새기고 올바른 판매 철학을 만들어간다면, 자신의 매장에 처음 오는 고객은 있어도 한 번만 찾아오는 고객은 없을 것이다. 판매는 쉽게 접근하면 너무나 쉬운 영역이지만, 어렵게 접근하면 너무나 어려운 일이다. 사람을 상대하고 그들의 마음을 헤아리는 일이기 때문에, 너무나 쉽고도 어렵다. 장사와 판매는 단순한 운의 영역이 아니라, 철저한 학문에 속한다. 대충 느낌이나 감으로 하는 일이 아니다. 철저한 올바른 원칙이 있고, 철학이 있어야 한다. 배우면 된다. 배우지 않으면 기분에 따라 판매를 하지만, 배우고 의식적으로 실천하면 누구보다 올바르고 세련되게 판매에 임할 수가 있다. 그리고 판매자가 응대하는 고객에게 온전히 전달되어 감동으로 되돌려 받는다. 판매는 단순히 물건을 파는 것이 아니라, 고객을 섬기고 그들의 니즈를 채우는 것을 돕는 것임을 명심해야 한다. 장사의 가장 큰 매력은 장사로 자신의 인생을 역전시킬 수 있다는 것이고, 판매의 가장 큰 매력은 아는 만큼 잘 팔 수 있다는 것이다. 잘 팔면 인정받고, 인정받으면 자신의 연봉이나 가치가 올라가고, 연봉이 올라가면 자신의 삶이 윤택하고 풍요로워진다. 판매라는 영역에는 그 어떠한 스팩도 내밀 수가 없다. 오직 고객을 섬기는 마음으로 고객이 요구하는 것을 채워주게 되면 판매할 수가 있다. 그래서 어쩌면 세상에서 가장 공평한 공간이라고 생각한다. 판매자가 판매할 때, 고객은 묻지 않는다. 대학교는 어디 나왔는지? 토익점수는 몇 점인지? 아버지는 무엇을 하시는지? 이와같이 판매자의 스펙이 고객에게는 관심이 없다. 고객의 관심사는 오직 자신이 필요한 물건을 기분 좋게 구매하는 것에 있다. 판매자는 그것을 채워주면 된다. 판매자의 스팩이 현재의 판매에 영향을 주지 않는다. 지금 잘하면 고객에게 감동을 줄 수 있는 가장 공평한 공간에서 자신의 꿈을 키워갈 수가 있는 것이다.

> **판매기술 레시피**
>
> ☞ 판매란 물건만을 파는 행위가 아니다. 고객을 섬기는 마음으로 그들의 필요를 채우는 것에 도움을 주는 행위를 말한다.

판매는 구매 포인트와 셀링 포인트의 교집합에서 이루어 진다

　판매는 제품 설명만 잘한다고 해서 이루어지는 것이 아니다. 판매는 고객의 구매 포인트와 셀링 포인트의 교집합에서 이루어진다. 즉, 고객의 필요와 제품의 장점이 접점을 이룰 때, 구매로 이어지는 것이다. 판매의 상급자들은 고객의 니즈와 구매 포인트를 먼저 파악하지만, 판매의 하급자들은 제품 설명에만 급급하다. 고객의 관심은 오로지 자신의 필요를 채우는 것에 있다. 고객의 구매 포인트 중 가장 중요한 것에는 디자인, 색상, 사이즈, 가격, 품질 등이 있다. 고객의 구매 포인트란 고객이 구매를 하는 요인 중 가장 큰 목적에 해당되는 것을 말한다. 예를 들어, 어떤 고객은 디자인에, 또 어떤 고객은 자신의 신체가 남들보다 큰 체구라서 자신에게 맞는 사이즈에, 또 어떤 고객은 자신이 원하는 색상에, 또 어떤 고객은 제품가격에, 또 어떤 고객은 무엇보다 좋은 품질에 목적을 두고 쇼핑을 한다. 대부분의 고객은 자신만의 쇼핑 목적이 있다. 그 목적이 구매 포인트가 되는 것이다. 고객의 구매 포인트를 먼저 파악하고 제품을 보여준다면 판매 적중률도 높일 수가 있고, 연계 판매(한번에 여러 제품을 판매) 또한 쉬워진다. 이처럼 판매자는 고객을 응대할 때, 셀링 포인트만 급급하게 설명하기보다, 고객의 구매 포인트를 파악하는 것이 우선시되어야 한다.

셀링 포인트는 제품의 특장점을 말한다. 셀링 포인트를 말할 때에는 제품의 특장점을 간결하고 임팩트 있게 설명하는 것이 중요하다. 고객의 구매 포인트가 파악되었다면, 구매 포인트에 맞는 제품을 권해주고, 고객에게 호감이 가는 제품이 발견되면 제품의 셀링 포인트를 간결하고 임팩트 있게 설명해야 한다. 이처럼 판매의 핵심은 고객의 구매 포인트와 제품의 셀링 포인트의 접점을 찾는 일이다. 평소 제품마다 셀링 포인트를 3가지씩 정하고 연습을 통해 완벽하게 준비한다면, 고객 응대부터 판매까지 가장 수월하게 이루어질 수 있다.

> 🏪 **판매기술 레시피**
>
> ☞ 판매는 고객의 구매 포인트와 셀링 포인트의 접점에서 이루어진다.
> 고객의 구매 포인트를 먼저 파악한 후 제품을 컨택하고, 셀링 포인트를 간결하고 임팩트 있게 할 수 있어야 한다.

판매자의 동선

 평소 쇼핑을 하기 위해 옷 가게나 소매점을 방문해 보면 뒷짐을 지고 고객의 뒤만 졸졸 따라다니는 판매자가 너무나 많다. 장사는 철저한 심리과학이다. 판매자가 하루 응대하는 고객의 절반이 오늘 처음 보는 고객이다. 즉, 하루의 절반은 처음 보는 사람과 소통하게 되는 것이다. 인간이라면 누군가 자신의 뒤에 뒷짐을 지고 서 있으면 심리적으로 불안함과 압박감을 느낀다. 또한 인간은 새로운 공간에 가면 1.5초의 환경을 인식하는 시간을 가지게 된다. 1.5초라는 짧은 시간이지만, 자신이 잠시 머물러도 안전한 공간인지를 파악하고 심리적 안전감을 찾은 후 그다음 행위가 시작된다. 쇼핑을 하기 위해 매장을 방문하는 고객 또한 매장 문을 열고 매장에 들어서면 주변을 살펴본 후 자신이 보고 싶은 물건 쪽으로 발걸음을 옮긴다. 여기서 우리가 생각해야 할 것은 고객이 매장의 환경을 파악했다 할지라도 사람에 대한 인식을 제대로 하지 못했다는 사실이다. 즉, 매장 안의 판매자 또한 고객에게 심리적 안정감을 줄 수가 있어야 한다. 판매자의 동선이 중요하다는 의미이다. 고객의 머리 뒤통수만 바라보며 졸졸 따라다닌다면, 고객은 심리적 불안함과 압박감을 느껴 급히 매장을 나가는 현상이 발생한다. 그래서 판매자는 고객에게 심리적 안정감을 주고, 대화 시 부담이 없고 소통이 가장 자연스럽게 이루어질 수 있는 동선을 확보해야 한다. 이것이 황금의 대각선 1.5미터이다. 고객을 응대하는 판매자는 1.5미터의 거리에서 대각선으로 시선을 마주하는 것이 가장 이상적이다. 이유는 너무 가까우면 고객에게 부담을 줄 수가 있기 때문이다. 대각선으로 이루어지는 각도는 대화도 자연스럽게 할 수가 있고, 고객이 제품을 보는 시선도 가려지지 않는다. 판매 상급자들은 이 거리를 본능적으로 지키며 고객과 소통한다. 황금의 1.5미터 거리에 대각선 각도를 몸에 익숙해질 때까지 연습하고 또 연습한다면 분명 판매의 고수가 될 수 있을 것이다.

> **판매기술 레시피**
>
> ☞ 고객을 응대할 때 최고의 판매 동선은 황금의 1.5미터 거리를 유지하고 대각선 각도에서 대화를 이어가는 것이다.

판매자의 금기어 '진상'

'진상'의 사전적 의미는 "허름하고 질이 나쁜 물건을 속되게 이르는 말"이다. 판매자의 말 중에는 성공 언어가 있고, 실패 언어가 있다. 고객이 매장 문을 열고 나간 후 판매자가 한 번 더 고객에게 감사함을 느껴서 주변 동료들에게 그 좋은 감정을 나눈다면, 분명 그 고객이 재방문할 수 있는 단단한 고리를 거는 것이 되고, 반대로 고객에 대해 험담을 하거나 '진상'이라고 표현하며 주변 동료들과 부정적인 감정을 나눈다면, 그 고객을 영원히 떠나보내는 것이다. 아무리 나의 마음과 다른 고객이거나, 매너가 기대 이하인 고객일지라도 '진상'이라고 표현하는 것은 분명 실패를 예고한 판매를 하고 있는 것이다. 필자 또한 25년 동안 수십만 명의 고객을 응대했지만, 나의 입 밖으로 '진상'이라는 단어를 쏟아내거나, 고객의 뒤통수를 보며 부정적인 감정을 주변 동료들과 나눈 적은 단 한 번도 없다. 주변의 모든 판매 상급자나 판매로 성공을 거둔 판매 거인들 또한 '진상'이라는 단어는 절대 사용하지 않는다. 고객은 나의 성공을 만들어줄 유일한 귀한 대상임을 알아야 한다. 즉, 내 인생의 귀객인 것이다. 적어도 판매 상급자가 되고 싶거나 판매 거인이 되고 싶은 판매자들은 지금 이 순간부터 "진상"이라는 단어를 금기시해야 한다. 나의 고객을 '진상'이라고 표현하는 것은 내 인생의 귀객을 마치 허름하고 질이 나쁜 물건으로 취급하는 것과 같다. 그렇다면 판매자를 무시하거나, 선을 넘는 막말이나 욕설을 하는 고객에게도 '진상'이라는 단어를 쓸 수 없는지가 궁금할 것이다. 나의 답은 "그렇다."이다. 어떠한 상황에서도 '진상'이라는 단어를 쓰면 안 된다. 하지만 앞 장에서 설명했듯이, 고객과 피객은 구별할 수 있어야 한다. 판매자에게 막말을 하고, 선을 넘고 소란을 피우는 행위를 하는 고객은 진상이 아니라, 피해야 할 피객인 것이다. 이럴 때는 매장 내의 가장 큰 리더가 중재를 하거나, 필요시 경찰을 불러서라도 분리를 시켜야 할 피객인 것이다. 판매자들이 '진상'이라고 표현하는 대상은 대부분 선을 넘는 고객보다, 오랜 시간 구경을 한 후 물건을 구매하지 않고 매장 밖을 나가는 고객이거나, 판매자가 권해주는 제품마다 마음에 들지 않는 표정을 짓고 구매를 하지 않는 고객이다. 즉, 판매자의 애만 태우고 구매까지 이어가지 못한 고객을 두고 속상한 마음에 고객에게 얄미운 표현으로 '진상'이라는 단어를 내뱉게 된다. 판매자는 제품을 판매하지 못하였을 때, 제품을 구매하지 않은 고객을 탓할 것이 아니라, 자신의 판매과정을 돌이켜봐야 한다. 그 과정에서 아쉬움이 남는다면 보완하면 되고, 만일 최선을 다했다면 후회 없이 다시 재방문할 것을 믿고 기다리면 된다. 고객에게는 매장을 방문했을 때, 반드시 구매를 해야 할 의무는 없다. 작은 호기심에 매장을 방문했을 수도 있고, 필요한 물건을 찾기 위해 매장을 방문했을 수도 있다. 매장의 문을 오늘만 열고 판매를 하는 것은 아니다. 내일도 있고, 그다음 날도 있고, 계속해서 판매를 한다. 즉, 그 고객이 오늘 늦게 아니면 내일 올 수도 있고, 그다음 날에 올 수도 있다. 판매과정에서 아쉬움이 없이 최선을 다했다면 그날 이후 언제든지 다시 방문해서 구매할 수 있는 것이다. 모든 인연은 헤어질 때, 기분 좋게 보내주어야 기분 좋게 다시 만날 수가 있는 것이다.

고객과 헤어질 때, 기분 좋게 보내주는 것이 재방문을 유도하는 훌륭한 스킬이 된다. 판매 상급자가 되고 싶거나 판매 거인을 꿈꾸고 있는 판매자라면 지금부터 실패 언어인 '진상'이라는 단어를 금기어로 삼아야 한다.

> **판매기술 레시피**
>
> ☞ 판매자가 절대 해서는 안 되는 금기어 "진상!!", 명심 또 명심하자!!

판매의 최고의 기술(고객 동기부여)

 판매자들이 판매를 잘하기 위한 최고의 기술은 무엇일까? 진심, 적극성, 솔직함, 임팩트 있는 셀링 포인트, 친절, 미소 등등이 판매를 위한 중요한 마인드와 기술이다. 그중 가장 최고의 장사 수완은 무엇일까? 고객의 가슴을 뛰게 하는 것이다. 우리는 판매자 스스로를 끊임없이 동기부여하고 가슴을 뛰게 하려고 애쓴다. 매장을 운영하는 사장들도 마찬가지이다. 직원들을 동기부여 시키고 그들의 가슴을 뛰게 하려고 하지만, 정작 고객을 가슴 뛰게 하는 법을 모른다. 판매는 판매자의 가슴이 뛰어야 제품을 생동감 있게 전달할 수 있지만, 결국 구매로 이어지기 위해서는 고객의 가슴이 뛰어야 한다. 판매 상급자는 고객의 가슴을 뛰게 하는 것에 능숙하다. 이것은 타고나는 것이 아닌, 반복되는 연습으로도 충분히 습득할 수 있다. 여기에 우리가 알아야 할 핵심 하나가 숨어있다. 판매자와 고객의 가슴이 뛰면 왜 판매가 수월해지는가? 인간은 동기부여가 되고, 그로 인해 가슴이 뛰게 되면 행동이 그 어느 때보다 용감하고 적극적으로 바뀌게 된다. 또한 동기부여가 될 때와 되지 않을 때의 집중도가 10배 이상 차이가 난다. 이것은 과거부터 여러 전문기관에서 연구한 자료가 너무나 많기에 이미 결론지어져 있다. 즉, 판매자나 고객이 동기부여가 되어 가슴이 뛰게 되면, 판매자는 고객 응대에 집중도가 상승되고, 고객은 구매 행위가 더욱 적극적으로 되어 구매 집중도가 올라간다. 매장에서 고객의 눈에 제품이 잘 들어오지 않으면 구매로 이어질 수가 없다. 즉, 구매력이 떨어진다. 반대로 고객의 눈에 제품이 잘 들어오면 구매력은 급상승하게 된다. 바로 이것이 고객의 구매동기를 자극시키고, 가슴을 뛰게 해야 하는 가장 큰 이유이다. 즉, 고객의 가슴을 뛰게 하면 고객의 구매 행위가 적극적으로 변해서 큰 연계로 이어지게 된다.

동기부여는 어떠한 대상에 욕심을 가지게 하는 힘이 있다. 자신의 목표에 대한 동기부여가 된다면, 목표를 이루려는 욕심이 생겨난다. 이 심리를 판매에 적용시키면, 판매자는 자신이 응대하는 고객의 가슴을 뛰게 하는 일에 능숙해지는 것은 물론, 고객 스스로가 구매에 욕심을 가지게 되는 효과를 볼 수가 있게 된다. 지금부터 고객의 가슴을 뛰게 하는 3가지 요소를 알아보겠다.

고객의 가슴을 뛰게 하는 첫 번째는 우리 제품을 착용하고 난 후 더욱 빛나는 고객의 라이프스타일을 상상하게 하는 것이다. 예를 들어, "고객님이 이 러닝화를 신고 경치 좋은 강변을 저녁마다 너무나 기분 좋게 달리는 상상을 해보세요. 얼마나 좋겠습니까?" 이와 같이 우리 제품이 고객의 라이프스타일을 더욱 빛나게 하는 상상을 자극시키면, 고객의 가슴은 뛰게 된다. 홈쇼핑에서 쇼호스트가 연출하는 모습들을 보면 이와 같은 심리를 자극시키는 것에 가장 많은 시간을 할애한다. 예를 들어, 홈쇼핑을 통해 맛있는 부대찌개를 판매한다고 하자. 이때 쇼호스트와 게스트는 마치 저녁 밥상에 온 식구가 모여서 서로 오순도순 이야기를 나누며 간편하게 조리한 맛있는 부대찌개를 함께 먹는 행복한 라이프스타일을 화면으로 담는 것에 집중하는 것이다. 이것은 부대찌개라는 제품 하나로 고객들의 저녁밥상이라는 라이프스타일에 행복을 더해주는 상상을 자극시키는 것이다. 고객은 단순히 제품 하나에 행복을 느끼지 않는다. 그 제품으로 자신의 라이프스타일을 상상했을 때, 행복한 느낌이 들어야 제품을 구매하게 된다. 즉, 우리는 제품만을 설명하는 것이 아니라, 그 제품으로 인해 빛날 수 있고 행복할 수 있는 고객의 라이프스타일을 자극시킬 수 있어야 한다는 것이다.

고객의 가슴을 뛰게 하는 두 번째는 제품의 스토리를 전달하는 것이다.

A라는 판매자는 제품 설명서를 말하고, B라는 판매자는 제품의 스토리를 말한다. 만일 당신이 고객이라면 어떠한 판매자의 말에 가슴이 뛰겠는가? 모두가 B라고 말할 것이다. 물론 제품의 사용 설명서를 숙지하는 것도 필요한 정보이지만, 순서라는 것이 있다. 내가 제품을 결정하고 난 뒤에 제품의 사용 설명서를 들어도 늦지 않을 것이다. 제품의 구매결정을 하기 전이라면 제품의 호감도

를 높이기 위해서 스토리를 전하는 것이 좋다. 예를 들어, "고객님! 이 청소기를 사용하실 때는요. 먼저 전원코드를 연결시키고 나서 전원 버튼을 누른 채 손잡이를 잡고 강약조절을 한 후에 먼지가 쌓인 부분에 대고 밀면서 청소를 하면 됩니다.(x) "고객님! 지금 보시는 청소기에 조금 특별한 이야기가 숨어있습니다. 그것은 다른 청소기와는 다르게 환경을 생각하는 청소기라는 이름으로 출시가 되었습니다. 말 그대로 친환경이라고 말씀드리는 것은 청소기의 필터가 천연나무의 잎을 원료로 해서 만든 것이라 좋지 않은 바이러스도 제거해 주고, 악취도 잡아줘서 향기로운 냄새가 납니다.(○) 이렇게 스토리를 전하면 고객의 가슴을 뛰게 하고, 마치 집에서 사용하는 것 같은 상상을 하게 만든다.

고객의 가슴을 뛰게 하는 세 번째는 경쟁심리를 끌어오는 것이다. 즉, 한정판이라는 사실을 강조하는 것이다. 인간은 누구나 부족한 공급에 더욱 적극적으로 구매를 한다. 언제든지 다시 매장을 방문해도 구매를 쉽게 할 수 있다면 고객의 가슴은 뛰지 않는다. 하지만 지금이 아니면 구매를 할 수 없을 수도 있다는 심리적 불안감을 주게 되면 고객의 가슴은 뛴다. 이처럼 고객의 가슴을 뛰게 하는 3가지 요소를 잘 습득하고 반복연습을 한다면 누구나 판매 상급자가 될 수가 있다.

> 🛒 **판매기술 레시피**
>
> ☞ 고객의 가슴을 뛰게 해야 판매의 고수가 될 수 있다.

고객의 가슴을 뛰게 하는 3가지 기술

1) 우리 제품으로 빛이 나는 고객의 라이프스타일을 상상케 하라!
2) 제품 사용 설명서가 아닌, 제품의 스토리를 전달하라!
3) 경쟁심리를 끌어오고, 지금이 아니면 구매할 수 없다는 사실을 상기시켜라!

고객의 라이프스타일을 알면 판매가 쉬워진다

대부분의 판매자들은 고객의 라이프스타일에는 관심이 없다. 오로지 제품을 구매할 고객인지, 구매하지 않을 고객인지를 파악하고, 구매할 것 같은 고객에게 열심히 제품 설명을 한다. 대부분 이런 판매에 익숙하고, 그것이 맞다고 생각할 것이다. 하지만 판매 상급자들은 고객의 라이프스타일에 관심을 둔다. 고객의 라이프스타일을 알면 그들의 성향을 가장 먼저 파악할 수 있고, 그들이 필요로 하는 것이 무엇인지 빠르게 파악할 수가 있다. 고객의 성향과 그들이 필요로 하는 것이 무엇인지가 파악되면 판매는 거의 90% 완성된 것과 같다. 그만큼 판매가 용이해지고, 그들의 필요와 욕구를 채워줄 수 있는 물건을 컨택하는 데에도 수월해진다. 또한 그들의 라이프스타일에 유용한 제품을 컨택하는 데 도움을 준다면, 사용 시 만족할 확률이 높아진다. 고객의 라이프스타일을 모른 채 제품 설명만 급급하게 한다면 눈먼 봉사가 지팡이 하나로 산을 오르는 것과 같다. 상대방을 가장 빠르게 알 수 있는 방법은 상대방의 라이프스타일을 파악하는 것이다. 인간은 누구나 일정한 패턴의 라이프스타일을 가지고 살아간다. 라이프스타일이란 일정한 패턴의 하루하루의 일과를 말한다. 누구나 반복적으로 삶을 살아가기 때문에, 1년 365일을 되돌아보면 일관된 라이프스타일이 있다. 아침에 일어나는 시간과 자주 먹는 식사 메뉴와 어떠한 일을 하고, 누구와 자주 어울리고, 퇴근 후 취미는 어떠한 것으로 하고, 가장 중요하게 생각하는 삶의 가치관을 가지고 자신의 라이프스타일에 맞춰 살아간다. 일일이 구구절절 고객에게 그 일상을 물어보라는 것이 아니다. 가벼운 스몰 토크로 이야기를 나누다 보면, 그 일상들을 알 수 있게 된다. 그 일상을 알면 그들의 성향 또한 추측할 수 있게 된다. 이것이 판매 고수가 능숙하게 잘하는 일이다. 스몰 토크를 통해서 처음 보는 고객이라 할지라도 그의 라이프스타일과 성향을 빠르게 파악해야 한다. 처음에는 생소하고 어렵게 느껴지겠지만, 계속해서 연구하고 훈련한다면 누구나 능숙해질 수가 있다. 고객의 라이프스타일을 파악하고 그것에 유익한 제품을 권할 수 있다면, 이것이야말로 판매 고수라고 말할 수 있다. 고객의 라이프스타일에 맞게 유익한 제품을 권해주는 것은 곧 그의 라이프스타일을 인정하고 존중하는 것과 같다. 누구나 자신의 라이프스타일을 인정받고 존중받으면 자존감이 올라간다. 고객과의 스몰 토크 중 고객의 취미가 테니스라고 말한다면, "고객님! 대단하시네요~ 테니스가 요즘 워낙 유행처럼 많이 하는 운동이라 저도 시도해 봤지만 너무 어렵더라고요. 어떻게 3년 동안이나 꾸준하게 하실 수가 있어요?" 이와 같이 고객의 라이프스타일 중 취미를 높게 평가하고 자존감을 높여주면서 노하우를 묻는 질문 방식은 고객의 이야기보따리를 더욱 적극적으로 끄집어내게 된다. 이렇게 고객의 라이프스타일을 파악하고 그것에 유익한 제품을 권해주는 연습을 꾸준히 해보자.

> 판매기술 레시피
>
> ☞ 고객의 라이프스타일을 스몰 토크로 파악하고 그것에 유익한 제품을 권하자!

추임새의 마법 '음~아~오~'

　판매자에게 고객과 소통하는 힘을 기르는 것은 너무나 중요하다. 판매는 단순히 물건을 파는 일이 아니다. 물건을 판매하기 전, 인간 대 인간으로의 소통과 교제를 나누는 일이 우선되어야 한다. 고객은 우리 매장의 매출을 올리는 대상으로만 삼아서는 안 된다. 판매자와 함께 교제를 통해서 서로 간에 삶의 이야기를 나누고, 그들의 필요를 채워주면서 불편함을 해소시켜 주는 일을 하는 것이다.
　교제는 대화를 도구로 해서 이루어진다. 분명 대화를 잘 이끌어 가는 기술이 있다. 누구나 고객과의 대화를 자연스럽고 재미나게 이끌어 갈 수가 있다. 최고의 대화기술은 상대방이 자신보다 2배의 말을 하게 만드는 것이다. 판매자도 제품의 셀링 포인트를 임팩트 있게 설명할 때 빼고는 고객이 말을 많이 할 수 있도록 유도하는 것이 좋다. 이유는 고객이 말을 많이 하면 할수록 고객의 성향이나 라이프 스타일을 파악하는 데 큰 도움이 되기 때문이다. 고객이 말을 많이 하게 하려면 리액션을 잘해야 한다. 리액션에 능한 사람은 상대방의 이야기보따리를 계속해서 끄집어내게 한다. 인간이라면 누구나 자신의 이야기에 귀 기울여주고, 그것에 리액션을 잘해주는 상대방에게 자신의 이야기보따리를 늘어놓게 되고, 또한 호감을 느끼게 된다. 바로 이것이다. 고객이 자신의 이야기보따리를 늘어놓게 하는 것과 판매자에게 호감을 느끼게 한다면 판매는 수월해진다. 리액션 기술인 '음~아~오~' 이 세 가지만 잘한다면 상대방은 계속해서 자신의 이야기보따리를 늘어놓게 된다. '음~아~오~'의 기술은 사적인 대화를 할 때도, 중요한 협상의 자리에서도 통한다. 말을 잘하는 사람보다 상대가 말을 잘할 수 있게 잘 들어주고 호응해 주는 사람이 진정 대화의 고수인 것이다. 대화의 최고의 기술은 액션이 아닌, 리액션에서 나온다는 사실을 알아야 한다. 이 글을 읽고 있는 전국의 모든 판매자들은 리액션의 기술인 '음~아~오~'를 기억하고 고객과의 소통 시 사용해 본다면, 고객은 신이 나서 자신의 이야기보따리를 늘어놓게 되고, 그 이야기보따리 속에 들어있는 고객의 성향과 라이프스타일을 파악하고, 그것에 맞는 제품을 권해준다면 판매는 백발백중의 결과를 낳게 될 것이다.

> 🏪 **판매기술 레시피**
>
> ☞ 대화의 기술 중 최고의 기술은 자신보다 상대가 2배의 말을 하게 하는 것이고, 상대의 이야기보따리를 끄집어내는 최고의 기술은 '음~아~오~'의 리액션 기술이다.

판매의 순서

소매점의 경우 판매자가 고객에게 판매를 하는 순서가 있다. 순서를 알고 판매를 한다면 판매가 더욱 수월해진다. 판매의 순서는 밝은 인사 ⇨ 고객과의 스몰 토크 ⇨ 고객의 니즈와 불편함 파악 ⇨ 제품 컨택 ⇨ 제품 셀링 포인트 및 고객의 구매 동기 만들기 ⇨ 계산 및 카운터 마케팅이다.

위에 예시한 순서로 각 매장마다 상황에 맞는 매뉴얼을 만들고, 판매자들이 반복 연습을 통해서 판매 훈련을 한다면, 판매자 모두가 좋은 성과를 만들 수가 있을 것이다. 그렇다면 판매 순서에 따른 좀 더 상세한 기술을 알아보자.

1) 밝은 인사 ⇨ 우리는 매장의 입구 문을 열고 들어오는 고객에게 인사를 한다. 대부분의 고객이 처음 방문하는 고객일 것이다. 이때 판매자는 고객에게 첫인상의 이미지를 주게 된다. 첫인상은 단 6초 만에 90%가 결정된다고 한다. 6초라는 짧은 시간에 판매자가

보여줄 수 있는 것은 인사와 표정인 것이다. 최대한 고객을 반기는 모습으로 인사를 하는 것이 좋다. 고객에게 자신을 반긴다는 느낌을 주기 위해서는 판매자의 밝은 표정과 따뜻한 목소리로 인사를 하는 것이 핵심이다.

2) 고객과의 스몰 토크 ⇨ 인사 후 바로 "뭐 찾으세요?"라든지, "어떤 거 보러 오셨어요?"라고 목적부터 묻는 질문은 고객에게 부담을 주고, 빠른 시간에 매장 문을 열고 나가게 할 것이다. 인사 후에는 가벼운 질문으로 대화를 이끌어가는 것이 좋다. "오늘 날씨가 너무 좋지요? 쇼핑하기 좋은 날입니다."와 같은 일상의 가벼운 화제로 대화를 이끌어갈 수 있는 스몰 토크가 좋다. 고객은 처음 오는 공간이라 조금만 불편하거나 부담이 된다면 그 공간에서 벗어나고 싶은 심리 욕구가 있기 때문에, 마음을 편안하게 해주어야 한다. 마음 편하게 구경하고, 필요한 것이 있으면 만져도 보고, 착용도 해보고, 그런 다음 마음에 드는 제품을 발견하면 구매하시라는 느낌으로 고객을 이끌어가는 것이 좋다. 이 단계에는 가벼운 질문과 리액션을 하는 것이 핵심기술이 된다.

3) 고객의 니즈와 불편함 파악 ⇨ 대부분의 고객들은 어떠한 목적을 가지고 매장을 방문하게 된다. 심지어 구경이 목적이 될 수도 있고, 자신이 필요한 물건을 찾기 위한 목적이 될 수도 있고, 매장의 제품으로 일상의 불편함을 해소하기 위한 목적일 수도 있다. 이

것이 고객의 구매 포인트인 것이다. 앞서 2단계에서 고객과의 스몰 토크를 통해서 고객의 라이프스타일을 들었다면, 3단계에서는 고객의 니즈와 불편함을 파악하는 단계이다.

4) 제품 컨택 ⇨ 고객의 니즈와 불편함을 파악했다면, 그것에 맞는 제품을 컨택하는 것이다. 즉, 고객의 필요를 채워주고 불편함을 해소시켜 줄 수 있는 제품을 고객과 함께 컨택하는 것이다.

5) 제품의 셀링 포인트 및 고객의 구매동기 만들기 ⇨ 몇 가지의 제품이 컨택되었다면, 컨택된 제품의 셀링 포인트를 임팩트 있게 설명하고, 그 제품으로 인해 더욱 빛날 고객의 라이프스타일을 상상하게 만드는 것이 중요한 핵심기술이다. 제품에 대한 사용설명만 할 것이 아니라, 그 제품을 사용하는 고객의 일상을 생생하게 상상할 수 있도록 동기부여를 주는 것이 중요한 기술인 것이다. 예를 들어, "고객님! 지금 보시고 있는 너무나 예쁘고 편안한 러닝화를 신고 해질 무렵 경치 좋은 강변을 달린다고 생각해 보세요. 정말 행복할 것 같지 않나요?" 이와 같이 우리 제품을 착용할 고객에게 행복한 일상을 느낄 수 있게 설명하는 것이 핵심이다.

6) 제품 계산 및 카운터 마케팅 ⇨ 원하는 제품을 컨택하고 구매 결정을 한 후 계산과 동시에 고객을 그냥 보내는 것이 아니라, 간단한 카운터 마케팅을 해야 한다. 카운터 마케팅이란 계산과 동시에

고객에게 유익한 할인 정보나 마일리지 적립을 비롯해 다음에 오면 함께 구경할 수 있는 추가 제품을 간단하게 소개시켜 주는 것을 말한다. 즉, 재방문을 유도하기 위한 기술이 된다. 카운터 마케팅의 핵심기술은 고객에게 유익한 정보를 주면서 또 오고 싶게 만드는 연결고리의 제품을 소개하고 기억시키는 일이다.

> **판매기술 레시피**
>
> ☞ 판매에도 올바른 순서가 있다.
> 밝은 인사 ⇨ 고객과의 스몰 토크 ⇨ 고객의 니즈와 불편함 파악 ⇨ 제품 컨택 ⇨ 제품 셀링 포인트 및 고객의 구매 동기 만들기 ⇨ 계산 및 카운터 마케팅.

고객 점유율을 높여야 매출이 오른다

소매점의 경우 고객이 매장에 머무는 시간을 최대한 확보할 수 있을 때, 좋은 매출을 만들 수 있게 된다. 축구로 비유하자면, 볼을 점유하고 있는 시간을 전체 시간에 나누어 퍼센티지로 표현한 볼 점유율처럼, 판매자가 고객을 응대하는 시간을 말한다. 인간은 누구나 대중심리를 따른다. 길을 가다가 배가 고파서 음식점을 고를 때, A라는 식당은 밖에서 웨이팅을 하고 있고, B라는 식당은 파리만 날리고 고객이 한 팀도 없다고 가정한다면 어느 식당으로 들어갈 확률이 높겠는가? 아마도 거의 대부분은 여러 사람이 줄을 지어 기다리고 있는 A라는 식당에 들어가고 싶을 것이다. 대중심리란 다중이 선택한 것을 신뢰하는 심리를 말한다. 소매점이나 옷 가게도 마찬가지이다. 매장 안에 고객이 없는 텅 빈 매장이라면, 고객의 심리에서는 그 매장에 들어가는 것에 부담을 느낀다. 하지만 고객으로 북적북적한 매장을 보게 된다면 궁금해서라도 매장 안으로 들어가고 싶어진다. 그리고 생각지도 않던 충동구매를 하는 경우도 생길 것이다. 고객 점유율은 하루 중 판매자가 고객을 응대하는 시간을 전체 시간으로 나눈 값을 퍼센티지로 표현한 것이다. 예를 들어, 하루 영업 시간이 8시간이라고 가정할 때, 그중 고객이 한 팀이라도 매장에서 머물렀다면 고객 점유율은 50%가 되는 것이다. 고객 점유율이 높을수록 고객이 매장에 머무른 시간이 길다는 뜻이다. 여러 고객이 매장 안에 오랜 시간 동안 머물러 있게 된다면 좋은 매출로 이어질 수밖에 없다. 판매 하수는 고객이 매장에 오랜 시간 동안 머무르게 하는 요령과 기술이 없다. 하지만 판매 고수는 자신이 응대하는 어떠한 고객일지라도 알찬 소통으로 그들의 가슴을 뛰게 하면서 오랜 시간 동안 제품을 컨택하게 하고 끝내 구매하게 만드는 요령과 기술이 있다. 판매 고수는 때로는 매장 안이 고객으로 넘쳐날 때는 빠르게 판매를 하고, 조금 느슨할 때는 고객을 오랜 시간 동안 머무르게 한다. 바쁠 때는 효율을 극대화하고, 조용할 때는 완급조절을 하며 고객을 좀 더 오래 머물게 해서 매장의 고객 점유율을 최대치로 끌어올린다. 이처럼 고객 점유율은 매장의 매출에 가장 큰 영향을 주는 요소이다.

> **판매기술 레시피**
> ☞ 고객 점유율을 높이면 매출이 급상승한다.

고객 응대를 최대한 길게 하면
많은 기회가 창출된다

    판매자가 고객을 응대하는 시간이 너무 짧지 않게 조절할 수 있거나, 때로는 고객 응대를 길게 할 수 있으면 판매 매출은 자연스레 오르게 된다. 앞서 고객 점유율에 대해서 설명했듯이, 고객이 매장에 머물러 있는 시간이 길수록 많은 판매 기회가 창출된다. 매장의 고객 방문이 적은 날에는 한 고객당 응대 시간을 최대한 길게 보는 것이 유리하고, 고객 방문이 많은 날에는 고객 응대 시간을 효율이 높은 쪽으로 조절하며 보는 것이 유리하다.

    필자가 자주 가는 막창집이 있다. 이곳 사장님의 장사 수완도 보통이 넘는다. 주말 고객이 넘치는 날에는 숯을 강력하게 넣어준다. 이유는 빠른 회전 테이블을 위해서이다. 숯의 열기가 강하면 고기가 익는 속도가 빠르고, 먹는 속도도 함께 빨라지기 때문에 테이블 회전이 빠를 수밖에 없다. 반대로 비가 오거나 눈이 오는 날과 같이 고객 방문이 적은 날에는 숯을 은은하게 넣어주고, 사장님이 이곳저곳 테이블을 돌면서 인사와 안부를 건네며 고객과 즐거운 대화를 나눈다. 이는 평소 바쁠 때 미처 챙기지 못한 단골 고객에게 서비스를 다하려는 목적도 있지만, 테이블 회전을 느리게 하기 위함이다. 테이블 회전이 느리면 매장의 고객 점유율을 높일 수 있고, 다른 가게는 고객이 없어 파리를 날리지만, 사장님의 가게는 항상 고객으로 가득 차 있다. 그 모습을 보고 길을 가던 고객은 대중심리에 이끌려 막창집 문을 열고 들어오게 된다.

 장사는 철저한 심리과학이다. 이처럼 고객을 응대하는 시간이 매출에 많은 영향을 주게 된다. 소매점과 의류매장도 같다고 생각한다. 고객이 매장에 머무는 시간을 길게 만들어갈수록 연계 판매(여러 제품을 한번에 판매)를 할 수 있는 요건이 갖춰지게 된다. 고객이 매장을 방문해서 자신에게 필요한 무언가만 구매하는 것이 아니라, 이것저것 더 많은 물건을 구매하게 하기 위해서는 절대적으로 확보되어야 하는 것이 응대 시간이기 때문이다. 판매자의 소통기술에 따라 고객을 오랜 시간 동안 머무르게 하고, 그들의 라이프스타일에 맞는 좋은 제품을 이것저것 연결지어 줄 때, 매출은 분명 급상승하게 된다. 판매 상급자가 되기 위해 가장 우선적으로 훈련해야 할 것은 고객 응대 시간을 최대한 길게 할 수 있는 소통의 힘을 기르는 일이다. 소통의 기술이 완벽해진다면 판매 상급자로 가장 빠르게 도달할 수 있게 될 것이다.

> 📢 **판매기술 레시피**
>
> ☞ 판매 상급자가 되는 가장 빠른 길과 매출을 가장 빠르게 올리는 방법은 고객 응대 시간을 조절할 수 있는 힘을 기르는 것이다.

판매는 기술! 재방문은 만족! 주변 홍보는 감동! 에서 나온다

　판매자가 제품을 판매하면 세 부류의 고객을 창출한다. 첫 번째는 그냥 제품을 구매하는 고객, 두 번째는 재방문까지 하는 고객, 세 번째는 주변 지인에게까지 홍보해 주는 고객이다.

　첫 번째로, 판매는 판매기술로부터 나온다. 판매에는 분명 제품을 잘 파는 수완이라는 것이 존재한다. 자신이 취급하는 물건에 따라 판매 접근 방식이 조금씩 다를 수는 있지만, 전체적인 판매 매뉴얼은 같다고 생각한다. 마냥 친절한 방식의 판매는 이제 끝이 났다. 고객의 구매동기를 자극하고, 그들의 필요를 채워줄 수 있는 판매기술을 가져야 한다. 이번 장에서 판매기술 모두를 언급할 수는 없겠지만, 적어도 이 책 《고객을 사로잡는 장사의 판매레시피》를 두세 번 정독하고, 마치 판매 교과서라고 생각하고 훈련을 한다면 누구나 판매에 통달할 수가 있다고 확신한다. 판매는 판매자의 기술(수완)에 따라 좌우된다는 것을 명심해야 한다. 물론 판매자가 한마디도 하지 않거나, 그 어떠한 노력도 하지 않는데 고객이 스스로 필요한 물건을 구매해 가는 100% 목적성 방문도 있겠지만, 하루 중 50~60%의 방문 고객은 판매자의 기술에 따라 구매로 이어질 수도 있고, 판매에 실패할 수도 있다. 이처럼 하루 방문 고객 중 절반 이상이 구매 변수가 많은 고객이기 때문에, 판매자의 판매기술에 따라 매출 또한 많은 영향을 받게 된다. 우리는 이것을 '맨파워'라고 말한다.

두 번째로, 재방문 고객은 만족으로부터 나온다. 구매과정에서는 판매자의 친절도와 매장의 분위기 및 제품의 호감도에서 만족이 생겨나고, 제품을 구매한 후에는 온전히 제품의 사용 만족도에 따라 재방문이 결정된다. 매장에서는 고객이 구매한 제품을 사용할 때, 충분히 만족할 만한 좋은 물건을 취급해야 하고, 구매과정에서는 판매자의 친절도를 비롯해 좋은 분위기를 형성하는 것이 중요하다.

마지막으로 제품을 구매한 후에 주변의 지인들에게까지 홍보대사를 자처하는 고객을 만들기 위해서는 감동을 줄 수가 있어야 한다. 인간은 주변에 감동을 받은 무언가가 있다면 누군가와 공유하고 싶은 따뜻한 본성을 지니고 있다. 따라서 고객에게 감동을 주는 것은 쉽지가 않겠지만, 판매자의 판매 태도는 정성을 다해 보는 것이 중요하고, 제품을 컨택할 때는 고객의 라이프스타일을 완벽히 파악하고 그것에 맞는 제품을 컨택하는 데에 도움을 주는 것이다. 추가로 고객에게 해당되는 작은 혜택까지도 섬세하게 챙겨주는 것은 물론,

나갈 때 입구까지 배웅하는 태도를 보인다면 고객은 감동을 받게 된다.

> 🏪 **판매기술 레시피**
>
> ☞ 판매자의 고객 응대에 따라 단순 제품 구매자, 재방문 고객, 매장의 홍보대사를 생산해 내게 된다. 제품 구매자를 만들기 위해서는 판매기술이 능숙해야 하고, 재방문 고객을 만들기 위해서는 만족을 줄 수 있어야 하고, 매장의 홍보대사를 만들기 위해서는 감동을 줄 수가 있어야 한다.

판매 적중률, 연계 시도율이 매출을 좌우한다

소매점이나 의류매장의 경우 판매 적중률이라는 것이 있다. 자신이 응대한 고객 수에 비해 구매로 이어진 비율을 말한다. 하루 응대한 고객 수가 10명이고 그중 5명이 구매로 이어졌다면 자신의 판매 적중률은 50%가 되는 것이다. 판매 상급자의 경우 평균적으로 판매 적중률은 50% 이상 정도 된다. 물론 제품재고의 컨디션이나 외부환경의 컨디션에 따라 조금씩 변수가 있겠지만, 정상적인 범위 내에서 수치를 매겨 볼 때, 판매 적중률이 50%가 넘어가면 해당 매장의 매출은 양호하게 나올 것이다. 매장의 운영 매니저가 매장의 매출을 점검할 때, 가장 먼저 살펴봐야 하는 것은 판매 적중률이다. 방문객 수에 비해서 구매 고객 수를 체크해 보면 그 매장의 효율을 알 수 있고, 좋은 매출을 위해서는 이 또한 판매 적중률을 보완해야 한다. 매장을 운영하는 측에서는 고객에게 호감을 줄 수 있는 제품의 공급이 가장 중요하고, 판매자는 고객을 응대할 때, 고객의 라이프스타일에 맞는 제품을 적절하게 컨택하는 것에 도움을 주어야 한다. 즉, 고객이 호감을 느끼는 물건이 많고, 판매자가 고객의 라이프스타일에 맞는 제품을 잘 컨택해 준다면 판매 적중률은 올라갈 수밖에 없을 것이다.

두 번째로, 좋은 매출을 만들기 위해서는 연계(여러제품을 보여줌) 시도율이 중요하다. 하루 방문객 수가 아무리 많다고 하더라도 연계 판매율이 떨어진다면 하루 매출은 시간이 지날수록 근근이 올라가게 된다. 매출의 그래프를 계단식이 아닌, 우상향 곡선을 만들기 위해서는 연계 판매율이 매우 중요하다. 고객이 찾는 제품 하나만을 판매하고 만족할 것이 아니라, 그에 맞는 연관된 제품을 소개하며 구매동기를 자극시킨다면 한 고객당 여러 개의 제품을 판매할 수가 있게 된다. 지금 시대는 목적 구매 시대가 아닌, 충동구매 시대인 것이다. 결재수단이 현금이 아닌, 카드가 대부분이기 때문에 소비 금액을 정해두고 매장을 찾는 고객은 없을 것이다. 언제든지 충동에 따라, 구매동기의 자극에 따라 추가 구매가 가능한 쇼핑문화가 형성된 것이다. 이 점을 충분히 이해한다면 연계 시도는 선택이 아니라, 필수인 것이다.

한 고객에게 딱 하나의 제품만을 권하고 판매한다면 판매 적중률이 아무리 높다 하더라도 매출은 근근이 올라가지만, 한 고객에게 연관된 제품을 고객이 부담을 느끼지 않는 선에서 여러제품을 보여주고 판매로 이어갈 수 있다면 매출은 급상승하게 된다. 이렇듯 판매 적중률과 연계 시도율은 좋은 매출을 만드는 것에 큰 영향을 주게 된다는 사실을 알아야 한다.

> 📛 판매기술 레시피
>
> ☞ 판매 적중률과 연계 시도율을 섬세하게 체크하고 보완하면 누구나 좋은 매출을 만들 수가 있다.

황금의 메가 포인트

　소매점이나 의류매장 같은 경우 판매자의 역량에 따라 매출의 변동이 크다. 즉, 매출에 영향을 주는 3가지 요소인 브랜드, 상권, 맨파워 중 맨파워에 따라 매장 매출의 변동이 크다. 맨파워란 판매자의 역량을 말한다. 좋은 매출을 만들기 위해서는 판매자의 역할이 너무나 중요하다. AI가 등장하면서 끊임없이 인간의 일자리를 위협하고 있지만, 소매점이나 의류매장만큼은 인간이 만들어내는 판매문화를 기계가 대신 할 수가 없다. 몇몇 특정 매장에서는 무인으로 운영하지만, 따뜻한 심장을 가진 인간의 영역을 완전히 대체할 수가 없는 것이 판매의 영역이다. 시대가 지나도 기계가 대신 쇼핑을 해주지 않는 한 판매자의 자리는 따뜻한 심장을 가진 인간이 해야만 한다. 밀레니엄 시대가 도래하기 전인 2000년 전까지만 해도 수요보다 공급이 부족했기에, 뚜렷한 판매 전략 없이도 매장 안을 좋은 물건으로만 채워놓으면 좋은 매출을 만들어갈 수가 있었다. 하지만 점점 공급의 양이 늘어나고, 수요(인구)가 줄어든 현시점에는 예전처럼 기다리는 장사는 끝이 났다. 좋은 물건을 확보하는 것만큼이나 고객을 유치하는 일이 더욱 중요해진 시점이 되었고, 방문한 고객에게 어떠한 전략으로 판매를 하느냐에 따라 매출이 좌우되는 시대가 된 것이다. 그 전략 중 메가 포인트 시점을 잘 살리는 것이 소매점이나 의류매장에서는 너무나 중요하다. 메가 포인트란 하루 중 동 시간에 여러 고객이 방문하여 붐비는 현상이 생겨났을 때, 판매자 모두가 판매에 집중해서 순간 폭발적인 매출을 만들어내는 것을 말한다. 이때는 판매자들의 호흡과 집중력이 너무나 중요하다. 평소 고객이 몰렸을 때를 대비해서 판매자들의 동선이 겹치거나 꼬이지 않도록 연습하고, 판매자 각각 연계 제품을 판매하는 연습이 필요하다.

고객이 몰렸을 때, 모두가 우왕좌왕하며 판매 동선이 겹치고 꼬인다거나, 판매자 각자가 단 하나의 제품만을 힘들게 판매한다면 메가 포인트는 살리지 못한다. 판매영업을 해보면 하루 중 몇 번은 고객으로 가득 차거나 갑자기 몰리는 골든타임이 있다. 이를 위해 효율적으로 대처하는 매뉴얼을 만들지 못한다면, 순간의 폭발적인 매출을 만들 수가 없게 된다. 음식점이든, 소매점이든, 의류매장이든 하루 중 승부를 걸어야 하는 순간에는 판매자 모두가 집중해서 폭발적인 매출을 만들 수가 있어야 한다. 매출이 잘 나오는 곳과 고객은 많은데 매출이 소소한 매장의 차이가 바로 골든타임에 판매자들의 호흡과 전략에서 생겨난다. 매장 운영자나 판매자들은 이것을 명심하고, 골든타임에서의 좋은 호흡과 전략을 매뉴얼로 정하고 반복 연습한다면 좋은 매출을 만들 수가 있을 것이다.

> **판매기술 레시피**
>
> ☞ 하루 중 매장의 골든타임을 잘 살려야 좋은 매출을 만들 수가 있다. 판매자들은 서로 간의 호흡과 전략을 짜고, 매뉴얼을 정해서 반복연습을 하고, 매장 골든타임에 매출 메가 포인트를 올릴 수 있어야 한다.

판매 상급자들의 3가지 공통점

　판매에 능숙하고 매장의 매출에 가장 큰 영향력을 발휘하는 판매 상급자들에게는 그들만의 공통점이 있다. 판매 성공의 노하우를 어쩌면 이 공통점에서 찾을 수가 있을 것이다.

　판매 상급자들의 첫 번째 공통점은 첫인상이 좋다는 것이다. 첫인상은 단 3초~7초 만에 결정이 된다. 소매점이나 의류매장의 경우 하루 매장 방문 고객 중 절반 이상이 처음 방문하는 신규고객이다. 즉, 판매자와 고객이 서로가 처음 보고 소통하는 것이다. 그래서 첫인상이 너무나 중요한 것이 된다. 판매 상급자들은 첫인상이 좋다. 첫인상은 깔끔한 외모와 밝은 인사에서 결정이 된다. 외모를 단정하게 가꾸고, 밝은 미소로 고객을 맞이한다면 누구나 좋은 첫인상을 만들 수가 있다.

　판매 상급자들의 두 번째 공통점은 고객과 눈을 맞추고 대화를 하는 것이다. 고객과 눈을 맞추고 대화를 하면 상대방은 자신이 존중받는다는 느낌을 받게 된다. 고객과의 아이컨택은 판매자의 말에 귀를 기울이고 판매 제품에 집중시키는 데 가장 큰 도움이 된다.

판매 상급자들의 세 번째 공통점은 고객의 라이프스타일을 이해하고 존중해 준다는 것이다. 고객과의 소통을 통해 라이프스타일(일상)을 이해하고 존중해 준다면 고객은 자신의 삶 전체를 인정받고 존중받는 기분이 들 것이다. 인간은 누군가가 자신의 라이프스타일을 인정하고, 존중하고, 위대하게 생각해 준다면 그 상대에게 호감을 느끼게 된다. 판매자가 응대하는 고객의 라이프스타일을 인정하고, 존중하고, 위대하게 생각하고 표현을 한다면, 그 고객은 판매자에게 호감을 느낄 수밖에 없다. 그 호감이 구매 자극을 시키는 데 큰 힘을 발휘하게 된다. 예를 들어, 고객이 테니스라는 운동을 3년째 하고 있다면 "고객님! 테니스를 하고 계시는군요? 저도 테니스를 너무 하고 싶었는데 쉽지가 않더라고요. 3년째라니 정말 대단 하시네요! 외모로만 봐도 멋진 이유가 자기관리를 잘하셔서 그렇다는 것이 이해가 되네요!"라는 식으로 표현을 한다면, 그 고객은 자신의 라이프스타일을 존중받는 느낌이 들고, 어쩌면 판매자에게 자신의 삶 전체를 인정받는 느낌이 들 것이다. 또한 자신의 라이프스타일에 맞는 제품까지 잘 컨택해 준다면 판매는 더욱 수월해질 것이다.

┌─ 판매기술 레시피
│
│ ☞ 판매 상급자의 3가지 공통점
│ 1) 첫인상이 좋다.
│ 2) 고객의 눈을 보고 대화를 한다.
│ 3) 고객의 라이프스타일을 존중하고 위대하게 표현한다.

핵심 캠페인을 정하라

 소매점이나 의류점의 경우 시즌마다 다양한 제품으로 매장을 채우게 된다. 대부분의 매장들은 새로운 신상품이 들어오면 아무런 전략 없이 진열을 한다. 장사가 잘되는 매장은 여기서 차이가 있다. 아무리 판매자가 훌륭한 수완을 가지고 있다고 하더라도 매장의 핵심전략이 없다면 좋은 매출을 만들 수가 없다. 적어도 월말이 되면 판매자들이 모여서 전략회의를 하고, 지난 한 달을 되돌아보며 다음 한 달간의 핵심 캠페인을 정하고 그에 맞는 판매 전략을 짜야 한다. 예를 들어, 더운 6월의 경우 "더위를 식히고 고객의 행복을 더하다!"라는 핵심 캠페인을 정했다면 어떠한 스타 제품으로 더위를 식혀줄지를 선정하고 나서 그에 맞는 셀링 포인트를 매뉴얼로 만들어야 한다. 그리고 고객의 행복을 더해줄 혜택을 추가로 매뉴얼로 만드는 것이다. 이렇게 특정 기간 동안 펼쳐나갈 고객에게 충분한 공감을 얻을 수 있는 캠페인을 만든 다음, 그에 맞는 집중해서 판매를 할 수 있는 스타제품을 선정하고 셀링 포인트까지 매뉴얼로 정해서 판매자 모두가 연습을 한다면 매장의 강력한 캠페인 문화가 고객의 구매 명분을 만들어 주게 된다. 장사는 과학이라서 노력하는 만큼 매출이 오르게 된다. "해도 안 되지!"라는 실패어는 그만 사용하고, 지금부터라도 핵심 캠페인을 정해서 시작해 보자. 만일 한 명이 근무하는 매장이라도 마찬가지이다. 판매자가 많고 규모가 큰 곳에만 적용되는 전략이 아니다. 1인 매장이라도 충분한 효과를 볼 수가 있을 것이다.

> **판매기술 레시피**
>
> ☞ 매월마다 판매 캠페인을 만든 다음, 그에 맞는 스타제품을 선정하고 셀링 포인트를 짜라! 그리고 반복 훈련해라! 고객이 구매할 수 있는 충분한 명분이 되어줄 것이다.

스타상품 밀어 팔기

　판매자는 자신이 판매할 핵심 제품을 선정해야 한다. 특정 소수의 고객은 자신이 원하는 분명한 제품을 찾고 그것을 쉽게 구매하지만, 대부분의 고객들은 딱 무엇 하나의 제품을 정하고 방문하지 않는다. 이런 대부분의 고객들에게는 매장 내에서 밀어 판매할 수 있는 스타상품이 있어야 한다. 스타상품이란 말 그대로 매장에서 가장 자신있게 판매할 수 있는 인기제품을 말한다. 음식점으로 비유하면 메인 메뉴가 되는 것이다. 유명 요리연구가 백종원 씨가 도움을 주기 위해 폐업 직전인 식당을 방문하면 제일 먼저 점검하는 것이 메뉴판이다. "메뉴 좀 줄여유~~ 메뉴가 많아도 망해유~~"라고 조언한다. 장사의 고수라면 이 말에 100% 공감할 것이다. 메뉴란 고객의 선택지와 같다. 선택지가 많으면 메뉴를 고르는 데 고민만 커진다. 하지만 메뉴판에 인기 메뉴라든지, 추천 메뉴를 표시해 두면 고객이 메뉴를 고를 때 더욱 간결해진다. 장사가 잘되는 곳에는 그 매장만의 스타 메뉴가 있다. 그리고 그 스타 메뉴를 집중적으로 밀어 판매한다. 매장에 있는 여러 제품 중 분명한 인기 제품이 있는 것과 없는 것은 판매자의 분명한 판매 무기가 있고 없고의 차이와 같다. 확실한 자신만의 무기를 가지고 판매를 하는 것이 훨씬 유리하다. 매 순간 자신의 매장에 고객이 줄을 서서 구매하는 히트 제품이 없다 할지라도 가장 자신 있게 판매할 수 있는 1, 2, 3번의 인기 제품을 선정하고, 그것을 집중해서 밀어 판매할 수 있어야 한다. 순간순간 사이즈가 품절이 될 경우에는 다른 제품을 대체해서라도 1, 2, 3번의 인기 제품을 때에 맞게 변경 및 업데이트를 해야 한다. 즉, 고객이 방문했을 때, 매장에서 가장 자신 있는 1, 2, 3번의 인기 제품이 늘 정해져 있어야 한다는 것이다. 1, 2, 3번의 인기 제품이 정해지면, 우선 매장 입구 쇼윈도우에 가장 잘 보이는 황금존에 디스플레이를 하고, 매장 안 레이아웃 진열에도 고객의 시선을 끌 수 있도록 중복 디스플레이를 해야 한다. 이렇게 1, 2, 3번의 인기 제품의 선정과 진열까지 완성이 되었다면, 마지막으로 1, 2, 3번 제품의 판매 매뉴얼을 만들어야 한다. 판매 매뉴얼은 제품 설명 시 설득력 있는 멘트를 정해서 셀링 포인트로 정하는 것이다. 또한 고객이 1, 2, 3번 제품을 컨택하여 구매결정을 할 경우, 그에 연관된 제품과 연결해서 보여줄 수 있는 연계제품구성도 함께하는 것이다. 이렇게 판매 매뉴얼이 정해지면 반복 연습해야 한다.

이처럼 매장에서 매 순간 1, 2, 3번의 인기 제품을 선정하여 그것을 집중적으로 진열하고 판매 메뉴얼을 만들어 연습한다면 판매자의 판매 성과는 물론이고 매장의 판매 퀄리티 또한 높아지게 될 것이다.

> **판매기술 레시피**
>
> ☞ 매 순간 매장의 1, 2, 3번의 인기 제품을 선정하고, 그것을 밀어 판매할 수 있는 판매 메뉴얼이 있어야 한다.

1, 2, 3번 인기 제품의 빠른 재세팅

 이전 장에서 언급한 매장의 1, 2, 3번의 인기 제품을 정하고 밀어 판매를 열심히 하다 보면 1, 2, 3번의 제품 중 사이즈가 품절되어 밀어 판매가 어려워질 수가 있다. 이때는 사이즈가 완비된 제품 중 인기 있는 제품을 새롭게 선정해서 새로운 1, 2, 3번을 세팅해야 한다. 이때 1, 2, 3번의 제품이 끊이지 않게 새로운 제품으로 대체 세팅하는 것이다. 1, 2, 3번의 조건은 첫 번째로 사이즈가 완비되어 있는 것을 선택해야 한다. 즉, 재고가 충분히 있어야 한다. 아무리 고객의 선호도가 높은 인기 있는 제품이라도 고객이 찾는 사이즈가 없다면 이것은 고객에게 희망고문만 주는 것과 같기 때문이다. 주문을 받더라도 다음 날까지 다른 매장을 섭외하는 일도 에너지 소모가 많게 된다. 가급적이면 매장에 재고가 확보된 제품을 판매하는 것이 가장 효율적인 판매를 하는 것이 된다. 두 번째 조건은 고객의 호감도가 높은 인기 제품이어야 한다. 고객의 호감도가 없는 제품을 메인 제품으로 선정하면 판매가 어려워진다. 그래서 가급적이면 고객에게 호응을 얻을 수 있어야 하는 것이다. 세 번째는 사용기간이 너무 짧지 않는 것으로 선정해야 한다. 판매 후 고객 사용기간이 짧은 상품은 고객에게 만족을 줄 수가 없다. 시즌이 지난 제품을 억지로 밀어 판매를 하거나, 유통기한이 다 되어 가는 제품을 고객에게 판매하게 되면 결국 고객의 불만족으로 이어져 매장에 부정적인 이미지만 남는다. 하나를 판매하더라도 고객이 오랜 시간 동안 유익하게 사용할 수 있는 제품을 판매해야만 고객이 또다시 우리 매장을 기분 좋게 찾는 것이다.

이처럼 1, 2, 3번의 인기 제품을 선정하는 방법과 그중 사이즈가 빠지거나 품절이 되었을 때는 빠르게 1, 2, 3번 제품을 다시 세팅해야 한다. 판매는 철저한 타이밍 싸움이다. 1분 1초에 사람의 마음이 변하고, 트렌드가 변한다. 판매자는 이 타이밍에서 지면 안 된다.

> **판매기술 레시피**
>
> ☞ 매장에서 선정한 1, 2, 3번의 인기 제품 중 고객이 찾는 사이즈가 없거나 품절이 될 경우 빠르게 새로운 1, 2, 3번의 제품을 세팅해야 한다.

클레임 고객 대처법(LESS 기법)

 판매자는 종종 고객이 제기하는 클레임에 대처해야 하는 일이 생겨난다. 판매자라면 자신이 응대하는 모든 고객이 내 마음 같지는 않을 것이다. 소수의 고객은 물건을 잘 골라주게 되면 고마움을 표시하면서 가는 반면에, 불만을 토로하는 고객도 있다. 하지만 우리가 간과해서 안 되는 고객이 바로 클레임 고객이다. 이유 없는 클레임은 없다. 클레임 고객마다 불만의 이유가 존재한다. 판매자가 보았을 때, 아무리 사소한 것일지라도 고객이 큰 불편함을 느끼면 그것을 큰 불편함으로 받아들여야 한다. 판매자가 보기에 좋은 물건일지라도 고객에게 호감을 못 받게 되면 그 물건의 가치가 떨어지듯이, 매장의 모든 평가 기준은 고객의 눈과 감정이 되어야 한다. 클레임 고객 대처법을 잘 안다면 더 이상 클레임 고객을 상대하는 것에 두려움은 없게 될 것이다. 지금부터 고객 응대 중 가장 난이도가 높은 클레임 고객 응대법에 대해서 알아보겠다.

클레임 고객을 대처하는 LESS 기법

1) L(Listen): 경청하기
2) E(Empathy): 공감하기
3) S(Suggestion): 제안하기
4. S(Soloution): 해결

첫 번째로 경청하기이다. 고객의 불만을 경청해야 한다. 클레임 고객 응대 시 가장 우선적으로 해야 할 일은 고객의 분노나 화를 가라앉게 하는 것이다. 이것은 고객의 말에 경청하는 것이 최우선이 되어야 한다.

두 번째로 공감하기이다. 공감이란 자신의 의견을 모두 빼고 고객의 감정을 함께 느끼는 것이다. 여기서 반론을 제기하거나 논쟁을 한다면 더욱 험악한 상황으로 발전된다. 고객의 불편하고 불만스러운 감정을 온전히 느끼며 "저라도 불편하고 힘들었겠습니다." 라고 말해야 한다.

세 번째로는 제안하기이다. 고객의 불편함을 듣고 그 감정을 공감했다면 이제는 새로운 방법을 제안해야 한다. "고객님의 마음 충분히 제가 듣고 느꼈습니다. 그렇다면 이제는 우리가 이 문제를 해결하기 위한 방법을 찾아야 되지 않겠습니까? 고객님! 그래서 말씀드리는데, 이렇게 하는 것은 어떨까요?"라고 말하며 고객에게 해결점을 제안해야 한다.

마지막 네 번째는 고객과의 타협으로 해결하는 것과 그에 대한 약속을 지키는 것이다.

고객 한 명 한 명의 가치는 3,000만 원의 가치가 있다고 했다. 판매자의 잘못된 대처로 클레임 고객 한 명을 잃게 된다면, 이는 3,000만 원의 손실을 입는 것과 같다. 위의 LESS 기법으로 현명하게 대처한다면 고객을 잃게 되는 일은 현저히 줄게 될 것이다. 또한 클레임 고객을 대처하는 방법 중 누가 대처하는지도 매우 중요하다. 대처하는 판매자는 매장 내에서 가장 큰 리더가 맡아서 하는 것이 가장 이상적이다. 판매자가 흔히 클레임 고객을 응대할 때, 그 고객이 절차도 밟지 않고 새 제품으로 교환해 줄 것을 무리하게 요구하거나, 제품을 사용한 후 환불 요구를 할 경우에 "제가 힘이 없어 어요."라든지, "저는 아르바이트생이라서 아무것도 몰라요."와 같은 말들은 고객의 심기를 더욱 나쁘게 한다거나 잘못된 대처로 이어질 수가 있기 때문에, 매장 내에 가장 큰 리더가 진중하게 대처하는 것이 가장 이상적이다. 권한자가 대응하게 된다면 고객 또한 자신이 존중받는 느낌과 현실 가능한 이야기로 문제를 좀 더 빠르게 해결하는 데 도움이 된다.

> 📢 **판매기술 레시피**
>
> ☞ 클레임 고객을 응대할 때는 매장 내에 가장 큰 리더가 응대하는 것이 이상적이고, 응대할 때 LESS 기법으로 한다면 빠른 해결에 큰 도움이 될 것이다.

리마인드 텔링

　판매자가 고객을 응대할 때, 필요한 소통을 이끌어가는 힘 중 리마인드 텔링이 있다. 고객이 말하는 포인트를 한 번 더 따라 말하며 고객의 말에 공감을 해주고 귀를 기울이고 있다는 느낌을 주는 것이다. 리마인드 텔링은 고객에게 신뢰를 주고, 고객 또한 판매자의 말에 집중할 수 있는 분위기가 형성된다. 예를 들어, 고객이 "제가 요즘 발바닥에 통증이 자주 생겨서 발이 편한 신발을 보러 왔어요."라고 말한다면, 판매자가 "그렇군요. 고객님 발바닥이 아프셔서 편한 운동화를 보러 오셨군요."라고 핵심내용을 한 번 더 말해주는 것이다. 또 고객이 "다음 주에 여행을 가는데 바람막이 옷 하나 보러 왔어요."라고 말한다면, 판매자가 "고객님께서 여행 가서 입을 바람막이 옷를 찾으시는군요."라고 말하는 것이다. 누구나 쉽게 따라할 수 있지만, 결과는 엄청난 차이를 만드는 기술이다. 리마인드 텔링은 판매자가 고객을 응대할 때뿐만이 아니라, 평소 주변 지인들과의 대화에서도 매우 유익한 대화기술이 되어줄 것이다. 상대방이 하는 말의 핵심만 반복해서 따라하는 리마인드 텔링을 한다면, 상대방에게 신뢰를 주고, 자신의 말에도 집중할 수 있는 분위기를 형성하게 된다. 인간은 누구나 자신의 말을 경청하는 사람에게 호감을 느낀다. 그리고 그 사람의 말을 자신도 똑같이 경청한다. 이는 일종의 거울효과와도 같다. 거울효과란 무의식적으로 상대방이 하는 말투와 태도를 닮아가는 현상을 말한다. 내가 상대방의 말을 경청하고 있다는 것을 상대방이 느끼게 되면 상대방 또한 나의 말을 경청하는 것이다. 판매자에게 자신의 말에 경청하게끔 만드는 기술이 있다면 판매는 더욱 수월해질 것이다. 이것이 리마인드 텔링의 기술이고 효과이다.

> **판매기술 레시피**
>
> ☞ 고객의 말에 핵심단어나 문장을 한 번 더 반복해서 말해주는 '리마인드 텔링' 기법을 터득한다면 판매가 더욱 쉬워진다.

고객이 우리 제품을 착용하는 라이프스타일을 상상하게 하라!

고객에게 가장 중요한 것은 자신의 라이프스타일이다. 인간이라면 누구나 자신의 라이프스타일을 가장 중요하게 생각한다. 이는 가졌든 못 가졌든, 똑똑하든 똑똑하지 않든 누구나 똑같이 적용된다. 소비를 하는 가장 궁극적인 목적은 자신의 라이프스타일을 더욱 편리하고 빛이 나게 하기 위함이다. 특히나 소매점이나 의류매장은 더욱 그 목적이 강할 것이다. TV에 나오는 홈쇼핑을 보면 음식의 경우, 가족들이 한 식탁에 모여 판매하는 음식을 간단하게 조리하여 맛있게 먹으면서 행복해하는 모습을 연출한다. 이때 쇼호스트는 "지금 보시는 돼지불고기는요. 단 5분 만에 요리가 가능합니다. 이 돼지불고기 하나면 온 식구가 이렇게 맛있게 먹고 행복해하는 모습을 만드실 수가 있어요. 상상만 해도 엄마로서, 아내로서 기쁘지 않나요?"라고 판매 멘트를 한다. 이것은 돼지불고기에 어떠한 성분이 들어가 있고, 건강에 좋다는 식의 이런저런 고기의 스펙을 말하는 것이 아니라, 돼지불고기라는 상품이 고객의 라이프스타일(일상)에 얼마나 큰 기쁨을 주는지를 상상하게 하는 일이 주요 판매 기술인 것이다. 이 기술은 음식뿐만이 아니라 의류도 마찬가지다. 의류를 판매하는 홈쇼핑 방송을 보면, 판매 세트장을 등산하는 장소나 강변을 연상케 꾸미고, "지금 여러분들이 보시는 신상 가을 운동복 세트는요. 지금 이 계절에 등산이나 강변을 산책하시는 분들에게 꼭 필요한 물건입니다."라고 시선을 집중시킨다. 이것 또한 운동복 세트의 제품 기능을 구구절절 설명하는 것이 아니라, 판매하는 운동복 세트를 입고 자신의 라이프스타일(일상)에 맞는 운동을 하는 모습을 연상케 하는 것이다. 그리고 간간이 제품의 기능을 더해서 설명을 한다. 이것이 지금의 트렌드 판매 방식인 것이다. 고객은 우리 제품의 기능에는 큰 관심이 없다. 단지 우리 제품이 자신의 라이프스타일(일상)에 얼마나 유용한지를 상상하고 구매를 판단하게 된다. 그래서 우리는 제품을 판매할 때, 셀링 포인트에 제품 기능만을 구성하는 것이 아니라, 제품을 착용하는 고객의 라이프스타일(일상)을 연상케 하는 멘트를 구성하는 것이 판매에 훨씬 더 큰 도움이 된다. 예를 들어 "고객님! 이 운동화는요. 생활 방수가 잘되고요. 바닥에 접지력이 좋아서 미끄럽지가 않아요."라는 말보다는 "고객님! 지금 신고 계시는 운동화의 쿠션을 느껴보셨지요? 이렇게 편한 운동화를 신고 경치 좋은 강변을 걷거나 달린다고 상상해 보세요. 얼마나 기분이 좋겠습니까?" 이런 식으로 고객의 라이프스타일(일상)에 우리 제품이 얼마나 도움을 주고 기쁨을 주는지를 상상하게 하는 것이 핵심기술이다. 고객의 라이프스타일(일상)을 터치하여 판매할 수 있다면 분명 그는 판매 최상급자이다.

> 판매기술 레시피
>
> ☞ 우리 제품이 고객의 라이프스타일(일상)에 얼마나 큰 도움과 기쁨을 주는지를 상상하게 하라!

긍정 프레임 기법

 판매자가 고객을 응대할 때, 긍정 프레임 기법을 적절하게 사용한다면, 대화를 자신이 원하는 방향으로 끌고 갈 수가 있다. 긍정 프레임 기법이란 고객이 긍정 대답(yes)를 유도하는 질문을 통해서 긍정에 익숙하게 하는 기법을 말한다. 예를 들어, 판매자가 "고객님! 오늘 날씨가 정말 덥지요?"라고 물으면 고객은 "예. 날씨가 많이 덥네요."라고 답한다. 또 판매자가 "고객님! 발이 편하고 예쁜 운동화면 더욱 좋겠지요?"라고 물으면 고객은 "네. 맞아요."라고 답한다. 이렇게 고객이 긍정 대답(yes)을 할 수 있도록 유도 질문을 하는 기법을 말한다. 판매는 철저한 심리과학이다. 고객의 심리는 자신이 yes 대답을 3번 이상 말하게 되면 구매를 결정하는 순간, 긍정적으로 선택할 가능성이 그렇지 않은 경우보다 3배 더 높다고 한다. 판매자는 다소 뻔한 질문일지라도 고객에게 긍정적인 대답(yes)을 이끌어 낼 수 있는 질문을 연습하는 것이 중요하다. 판매는 일종의 프로포

즈라고 생각한다. 고객에게 호감을 주는 다양한 방법과 수단으로 고객의 마음을 사로잡는 일이다. 결국 구매결정을 두고 yes라는 대답을 끌어당겨야 한다. 인간의 심리상 자신이 yes를 많이 할수록 결정적인 순간에 yes라고 말할 확률이 높아지게 된다. 이처럼 긍정 프레임 기법은 고객이 구매결정에 있어서 yes를 끌어내는 데 큰 역할을 하게 된다.

> **판매기술 레시피**
>
> ☞ 상대방에게 긍정적인 대답(yes)을 이끌어내는 질문을 통해서 최종 구매결정에도 긍정적인 대답(yes)을 이끌어내 보자!

젠틀 시니어가 우리 매장의 귀객이 된다

2024년 현재 우리나라 시니어(65세 이상) 인구는 900만 명에 이른다. 소비활동에 참여하는 인구 중 30%가 시니어인 것이다. 시니어는 은퇴를 하고 연금이나 준비된 노후자금으로 자신만을 위한 삶을 살아가는 세대이기도 하다. 그중 젠틀 시니어는 자신의 퀄리티 있는 삶을 위해서 많은 투자를 하는 시니어층을 말한다. 지금 MZ세대 다음으로 소비시장을 이끌어가는 세대는 젠틀 시니어 세대라고 해도 과언이 아니다. 젠틀 시니어들은 평생을 노력해서 돈을 벌었고, 지금부터는 돈을 써서 행복한 삶을 누리는 시기인 것이다. 자식에 대한 책임도, 부모에 대한 봉양에서도 자유로운 세대인 것이다. 그들은 온전히 자신이 원하는 곳에 시간과 돈을 쓰며 행복을 추구한다. 대한민국의 요식업 시장에도 큰 영향을 미치고 있다. 불과 10~20년 전까지만 해도 시니어들이 MZ세대들의 음식문화를 따라갔었다. 예를 들어, 시니어들이 MZ세대들이 좋아하는 피자를 비롯해 햄버거를 처음 먹어보며 그들의 음식문화를 따라갔다면, 지금은 시니어들의 음식문화인 국밥, 갈비탕, 오리고기 등등이 다시 유행하고 있고, 젊은 MZ세대들도 그 문화를 따라가고 있다. 이처럼 국내 소비시장에서 시니어들의 영향력은 점점 커지고 있다. 또한 시니어들이 예전에는 외식은 사치라며 집 밖에서 돈을 쓰며 밥 먹는 것을 혐오했지만, 지금은 시니어들이 식당이나 카페로 영역을 넓혀가고 있다. 또한 시니어들은 집에서 밥을 먹지 않고 밖에서 외식하는 풍토가 점차 자리 잡고 있다. 이는 식자재값이 폭등한 것도 한 이유가 된다고 한다. 차라리 밖에서 사 먹는 것이 싸게 든다는 생각을 조금씩 가지기 시작한 것이다. 이처럼 음식뿐 아니라 소매점이나 의류점에서도 젠틀 시니어가 소비시장의 흐름을 바꾸어가고 있다. 국내 의류시장의 경우, 수년째 아웃도어 시장이 활기차게 움직이고 있다. 이는 주 소비자층인 MZ세대뿐 아니라, 젠틀 시니어들의 소비가 힘을 보태고 있기 때문이다. 아껴서 자식한테 물려주는 문화에서 '살아생전 해보고 싶은 것 다 해보자!'라는 젠틀 시니어들만의 욜로족이 늘어나고 있기 때문이다. 소매점이나 의류점의 판매자들은 젠틀 시니어들만의 판매 제품과 판매 매뉴얼을 준비한다면 앞으로 전망 있는 매출을 만들어갈 수가 있을 것이다.

> **판매기술 레시피**
> ☞ 젠틀 시니어들을 위한 판매 제품과 판매 매뉴얼을 준비하라!

이유가 더해지면 설득력이 배가 된다

    누군가에게 말할 때, 자신의 생각만을 전하는 것보다, 그 이유를 함께 설명한다면 말에 설득력이 생겨난다. 판매자가 고객을 응대할 때도 마찬가지다. 고객에게 판매 멘트를 할 때, 그 뒤에 이유를 함께 덧붙여 설명해 준다면 자신의 말에 힘이 생겨난다. 세상에 명분이라는 것은 사람의 마음을 움직이는 데 큰 힘을 발휘하게 된다. 누군가를 설득하기 위해서는 명분이 필요하다. 명분이 제대로 갖춰지면 상대방의 마음을 쉽고 빠르게 움직일 수가 있기 때문이다. 명분이란 일을 꾀할 때 내세우는 구실이나 이유 따위를 말한다. 즉, 명분은 상대방이 마음을 움직여야 하는 마땅한 이유가 되어주는 것이다. 고객을 응대할 때, 자신의 멘트에 꼭 마땅한 근거나 이유를 달면 그 말에 설득력을 얻게 되는 것이다. 이것은 판매할 때만 적용되는 것이 아니다. 세상에는 두 가지 유형의 사람이 있다고 한다. 첫 번째는 설득하는 사람이고, 두 번째는 설득을 당하는 사람이다. 즉, 세상의 모든 일은 설득으로 이루어진다는 것이다. 설득을 잘하면 자신의 목표를 이루는 데에 가장 큰 무기를 갖추게 되는 것이다. 설득을 잘하기 위해서는 자신의 말에 충분한 근거나 명분을 갖추는 것이 중요하다. 판매자는 제품의 셀링 포인트를 만들 때, 그 근거나 이유를 함께 덧붙일 수 있으면, 고객의 마음을 더욱 빠르게 움직일 수가 있을 것이다. 예를 들어, "고객님! 지금 보시는 운동화는요, 쿠션이 좋아서 발이 참 편해요."라는 말보다 "고객님! 지금 보시는 운동화는 고객님같이 발바닥의 쿠션을 중요하게 생각하는 분들께 딱 좋은 상품입니다. 왜냐하면요. 미드솔 부분의 충격 흡수를 해주는 쿠션층이 일반 운동화보다 1.5배 두껍게 들어가 있기 때문입니다."라고 근거와 이유를 설명한다면, 쿠션이 좋다는 셀링 포인트에 더욱 설득력이 생겨나게 되는 것이다. 이처럼 판매자는 자신의 말이나 제품 설명 시 특장점을 전달하는 셀링 포인트를 할 때, 그에 맞는 이유를 함께 덧붙여 설명한다면 고객의 마음을 더욱 빠르고 쉽게 움직일 수가 있을 것이다.

> **판매기술 레시피**
>
> ☞ 판매자는 자신의 말이나 제품의 셀링 포인트를 할 때, 그에 맞는 이유를 함께 덧붙여 설명하자!

목적 없이 너무 오래 머무는 고객을 자연스럽게 보내는 방법

판매자가 매장을 운영하다 보면 목적 없이 너무 오랫동안 머무는 고객이 있게 된다. 앞서 필자가 판매자는 고객을 최대한 오래 머무를 수 있는 시스템을 갖추는 것이 매장의 고객 점유율을 높이고 매출을 올리는 데 유리하다고 설명했지만, 중요한 것은 목적 없이 너무 오랫동안 머무는 고객은 좋지 않다. 예를 들어, 제품을 구매하기 위한 목적이 아닌, 방문판매업을 하는 사람이 영업을 너무 오랜 시간 동안 직원들에게 하거나, 일부 단골 중 제품 구매에는 관심이 없고 자신과 마음이 잘 맞는 판매직원과 사적인 이야기를 나누며 장시간 매장에 머물게 되면 매장의 분위기가 어수선해지고 판매 직원들의 긴장감이 떨어지게 된다. 이는 좋은 매출을 형성하는 데 방해 요소가 되는 것은 분명한 사실이다. 목적이 있는 고객이 구매결정을 하기 위해 여러 제품을 구경하는 경우에는 아무리 많은 시간 동안 매장에 머물러도 도움이 된다. 하지만 아무런 목적 없이 매장에 오랜 시간 동안 머무는 고객은 빠르게 보내거나, 의식하지 않고 판매자들 각자의 일을 자연스럽게 하는 것이 좋다. 빠르게 보낼 때는 고객이 무안하지 않게 하는 것이 중요하다. 고객과 한참 이야기를 나누다 보면 너무 엉뚱한 주제로 흘러 서로 불필요한 감정소모만 될 수가 있는데, 그때는 고객에게 "이제 어디로 가세요?", "다음은 어디로 가는 길이세요?"라고 물으면 대부분의 고객은 다음 행선지로 발걸음을 옮기게 된다. 이것은 상대에게 불쾌함이나 무안함을 주지도 않고, 고객의 다음 행선지를 상기시키면서 스스로 자연스럽게 발걸음을 옮기게 하는 방법이다. 아마도 목적 없이 오랜 시간 동안 머무는 고객이 잦은 매장일 경우, 이 방법을 실제로 매장에서 사용해 본다면 아주 유용한 팁이 되어줄 것이다.

> 판매기술 레시피
>
> ☞ 매장에 목적 없이 너무 오랜 시간 동안 머무는 고객을 자연스럽게 발걸음을 옮기게 하려면 "이제 어디로 가는 길이세요?"라고 물으며 다음 행선지를 상기시키고 발걸음을 돌리게 하라!

스킨십의 마법

 사람은 누구나 스킨십에 온정과 친밀감을 느낀다. 물론 사람마다 기준이 다르고 성향도 다르겠지만, 부담이 되지 않는 가벼운 스킨십은 서로에게 온정과 친밀감을 느끼게 하는 좋은 도구가 된다. 우리는 누군가를 처음 대할 때 악수를 하거나, 좀 더 가까운 사이에는 가볍게 포옹하며 어깨를 토닥거려주거나, 손뼉을 마주치며 하이파이브를 한다. 판매자들도 고객을 응대할 때, 스킨십을 적절하게 할 수 있다면 판매영업에 큰 도움이 된다.
 명동의 한 스포츠 매장에 있는 ○○○ 판매직원은 전국의 매장 중 판매왕을 여러 번 한 엘리트 판매직원이다. ○○○ 판매직원의 판매 수완은 딱 하나였다. 밝은 미소로 인사를 하고, 고객과의 소통 중 자주 하이파이브를 하는 것이었다. 고객이 매장 문을 열고 들어오면 밝은 미소로 인사를 하며 하이파이브를 한다. 그리고 나서 고객이 신발코너로 발걸음을 옮기면 "신발 보러 오신 거지요?"라며 하이파이브를 하고, 제품을 컨택하면 사이즈가 괜찮은지 물어보고, 고객이 그렇다고 하면 또 하이파이브를 하고, 이렇게 3~4번의 하이파이브를 하다 보면 어느새 고객은 제품을 구매하고 계산대에서 계산을 하고 있는 것이었다. 모든 상황에 적용될 수는 없겠지만, 상황에 맞는 가벼운 스킨십은 고객에게 친밀감과 신뢰를 형성해 주는 데에 큰 도움이 되는 것은 분명한 사실이다. 또한 스킨십이라고 해서 부담스러운 행위를 말하는 것이 아니다.

예를 들어, 고객이 운동화를 신을 때 판매자가 직접 끈을 묶어주면서 발볼 사이를 가볍게 눌러주며 사이즈를 체크해 주는 것도 좋고, 피팅룸에서 고객이 옷을 갈아입고 나오면 거울을 보기 전에 옷맵시를 잡아주는 것도 좋고, 마음이 통하는 이야기를 할 때에는 고객과 하이파이브를 하는 것도 좋다. 이런 작은 스킨십들은 고객에게 부담을 주기보다, 신뢰를 형성하고 친밀감을 만들어 주는 데 큰 도움이 된다.

인간의 본성 중에서 가장 강한 것은 이기심과 외로움이다. 이 두 가지 본성을 채워주는 비즈니스는 시대와 상관없이 성공한다. 이기심을 채워주기 위해 끊임없이 고객에게 유익함이나 혜택을 줄 수 있다면, 판매자의 영업은 성공적으로 이어질 것이다. 또한 외로움을 채워주기 위해서 판매자가 고객에게 온정을 느끼게 해주고, 그들의 감정을 공유하면서 라이프스타일(일상)을 존중해 준다면 고객층은 점점 확대될 것이다. 판매자는 말로만 제품을 설명하는 것이 아니라, 가벼운 스킨십을 통해 고객에게 온정을 느끼게 해주고, 친밀감과 존중받는 느낌을 준다면 진정한 판매 고수가 될 수 있을 것이다.

> **판매기술 레시피**
>
> ☞ 가벼운 스킨십 하나가 고객에게 친밀감을 만들어 주고, 또한 훌륭한 판매 스킬 중의 하나가 되어줄 것이다.

호기심을 이끄는 말 말 말

    판매자가 고객 응대 시 말을 시작할 때, 어떠한 말을 하느냐에 따라 고객을 자신의 말에 집중시킬 수도 있고, 분산시킬 수도 있다. 인간은 누구나 호기심이 생기면 그곳으로 시선과 마음이 집중된다. 이것은 인간에게 궁금한 것이 있으면 그 대상을 궁금증이 어느 정도 해소될 때까지 좀 더 세심하게 관찰하려는 특징이 있기 때문이다. 고객도 마찬가지이다. 고객의 시선을 끌고 판매자의 말에 집중을 시키기 위해서는 고객에게 호기심을 끌 수 있는 것이 필요하다.

    예를 들어, "고객님! 지금 보시는 티셔츠는 화이트컬러에 반팔 티셔츠이고요. 가격은 삼만구천 원입니다."라는 말보다, "고객님! 지금 보시는 티셔츠에 재미있는 스토리가 숨어있습니다. 그것이 무엇이냐면요? 로고에 그려진 그림을 보신다면 알게 되실 거예요. 이 그림은 친환경 소재로 만들었다는 의미로 새겨진 로고입니다. 이 옷을 입으면 면 티셔츠를 입는 것이 아니라, 자연을 입으시는 겁니다."

라고 호기심을 유발시키고, 그 호기심을 충족시켜 주는 스토리를 이어간다면 고객은 판매자의 말에 더욱 집중하게 되고, 그 결과 빠른 구매결정을 하게 된다. 호기심을 이끄는 말은 일상적인 대화에서도 충분히 가능하다.

예를 들어, 친구에게 말할 때 "○○아~ 아침에 내가 걸어오는데 정말 신기한 거 경험했거든. 그게 뭔 줄 알아?" 또는 "○○아~ 내가 너한테 예전부터 정말 해주고 싶은 이야기가 있었는데, 그게 무슨 말인지 알아?"라고 말을 시작한다면 상대방의 호기심을 자극시켜서 그다음 말을 궁금해하여 자신의 말에 집중하게 된다. 방송 시사 프로그램을 보면 사회자가 하는 멘트 거의 대부분이 호기심을 자극하는 말들이다. 이것은 방청객이나 시청자들의 호기심을 이끌어 내서 자신들의 프로그램에 더욱 집중시키기 위한 방법인 것이다.

이처럼 판매자가 말을 할 때 너무 쉽게 모든 것을 줄줄이 책 읽듯이 이야기하는 것이 아니라, 호기심을 자극할 수 있는 말들을 적절하게 섞어가며 말을 한다면 고객의 집중도는 더욱 올라가고, 호기심으로 시작된 마음이 호감으로 발전될 가능성이 높아져 결국 구매로 이어지게 된다.

판매는 고객으로부터 호감을 이끌어내야 구매까지 이어지게 된다. 또한 호감은 결국 호기심으로부터 시작된다는 것을 명심해야 한다.

> **판매기술 레시피**
>
> ☞ 판매자는 말을 시작할 때, 고객의 호기심을 자극하는 멘트를 사용할 수 있어야 한다.

말을 잘하는 법

　우리는 끊임없이 하루하루를 관계 속에서 살아간다. 아마도 혼자의 힘만으로 독단적으로 살아가는 사람은 지구상에 없을 것이다. 어떤 식으로든 상대방과의 협력을 통해서 자신의 목적을 이루어가며 삶을 살아간다. 판매자의 경우는 더더욱 고객 없이는 아무 것도 할 수가 없는 존재이다. 하루 중 가장 많은 시간 동안 고객을 응대하고, 고객과의 관계 속에서 돈을 벌고 성장을 하고 성공을 한다. 고객과의 관계 속에서 가장 많이 하는 것이 바로 말이다. 판매자는 몸으로 일하는 것이 아니라, 말로 일하는 직업인이라 할 수 있다. 아나운서나 방송인들도 마찬가지이다. 몸보다 말을 많이 사용하여 일을 하게 된다. 즉. 판매자에게 말을 잘한다는 것은 삶의 가장 큰 무기를 얻는 것과 같다. 말을 잘한다는 것은 무엇을 의미하는 것일까? 그것은 자신이 전달하고 싶은 내용을 설득력 있게 잘 전달할 수 있는 것을 말한다. 즉, 전달력이 좋다면 말을 잘하는 것이 된다. 그렇다면 말을 잘하고 전달력을 키우기 위해서는 무엇이 필요한 것일까? 아마도 세상 사람 누구나 말을 잘하고 싶을 것이다. 지금부터 집중해서 글을 읽는다면 그 해답을 얻게 될 것이다.

말을 잘하고 전달력을 키우기 위해서는 우선 3가지의 기초연습이 필요하다.

첫 번째는 발음이다. 발음은 입의 근육을 사용하여 자신이 내고 싶은 음성을 바르게 내는 것을 말한다. 좋은 발음이란 하고 싶은 단어 하나하나를 상대방이 알아듣기 쉽게 또박또박 내는 것이다. 발음이 좋지 않으면 전달력은 현저히 떨어진다. 발음이 좋아지려면 입의 근육을 충분히 풀어주고 자신이 말하고 싶은 단어를 천천히 또박또박 내는 연습을 해야 한다. 대표적인 연습으로는 "아 에 이 오 우"를 천천히 또박또박 소리 내는 것을 연습한다면 좋은 발음을 가지는 것에 도움이 된다.

두 번째는 목소리 크기이다. 목소리의 크기가 작으면 아무리 발음이 좋아도 상대방에게 자신의 말을 전달하기가 어려워진다. 말을 잘하고 전달력이 좋은 사람들의 특징은 자신이 내는 목소리가 평균적인 사람들의 목소리보다 높다는 것이다. 이상적인 목소리를 갖추기 위한 연습으로는 7m 뒤에 사람을 세워두고 그에게 부드럽게 말하는 소리를 점점 높여가며 7m 떨어진 사람이 나의 말을 편하고 정확하게 알아들을 수 있도록 연습하는 것이다. 이때 중요한 것은 소리쳐서 상대가 알아듣게 연습하라는 게 아니다. 자연스럽고 부드럽게 평소 대화를 나누는 화법으로 말하되, 목소리만 평균치 이상으로 낼 수 있어야 한다.

세 번째는 내용이다. 발음이 좋고 목소리 크기가 이상적이더라도 말의 내용이 좋지 않거나 명확하지 않으면 전달력이 떨어지게 된다. 말의 내용을 좋게 만들려면 책을 많이 읽는 것을 추천한다. 책 한 권이 세상에 나오기까지는 여러 번의 문장 교정 교열이 수반되기에, 책 안에 적혀있는 글들은 가장 완벽하고 완성된 글이 된다. 그 완성된 문장들을 자주 읽으면 자연스럽게 머리에 각인되어 말할 때, 그 단어나 문장들이 입 밖으로 나와 상대방에게 전달된다.

이와 같이 3가지 발음, 목소리 크기, 말의 내용을 꾸준히 연습한다면 누구나 말을 잘하고 전달력이 좋아질 수가 있다.

기본적인 말의 전달력이 좋아진 다음, 두 가지를 더 연습한다면 말의 고수가 될 수가 있을 것이다. 그다음 두 가지는 바로 스타카토와 바디랭귀지를 연습하는 것이다.

첫 번째로 스타카토는 말을 할 때, 중간중간 끊김을 주어 상대방의 이해력을 높이는 효과를 주는 것이다. 즉, 쉼이 없이 한 문장을 이어서 말하는 것이 아니라, 중간중간의 단어 사이에 끊어주는 쉼을 넣어서 말을 한다면 말을 더욱 조리있게 하는 사람처럼 보이게 된다. 방송에서 말을 잘하는 사회자들이 말을 할 때, 전하고자 하는 내용을 쉼 없이 한 번에 책 읽듯이 말하는 일은 거의 없다. 문장 중간중간 단어를 끊어주며 명확하게 전달한다.

두 번째는 바디랭귀지를 적절하게 사용하는 것이다. 말을 잘하는 사람들의 공통점 중 하나는 말할 때, 그 단어에 맞는 손동작을 함께 섞어가며 말한다는 것이다. 사람은 귀로 듣고 상대방의 말을 인지하기도 하지만, 보는 것으로도 인지를 할 수가 있게 된다. 즉, 보고 듣는 것이 동시에 이루어진다면 상대방은 내 말을 더욱 쉽게 인지하게 된다. 바디랭귀지가 바로 상대방의 시각으로 내 말을 인지하는 데 도움을 주는 것이다.

위의 방법으로 3가지(발음, 목소리 크기, 내용) 기초 훈련을 꾸준하게 하고, 대화 시 스타카토 기법과 바디랭귀지를 함께 적절히 사용한다면 누구나 자신의 말을 상대방에게 명확하게 전달할 수가 있을 것이다.

🏪 판매기술 레시피

☞ 판매자가 말을 잘하기 위해서는 기초 3가지(발음, 목소리 크기, 내용) 훈련을 많이 하고, 대화 시 스타카토 기법과 바디랭귀지를 적절하게 사용하라!

재방문 고객을 잘 기억하는 방법

    고객이 재방문했을 때, 자신을 기억해 준다면 그 고객은 매장의 단골 고객이 될 확률이 높아진다. 판매자가 얼마 전에 응대했던 고객이 재방문했을 때, 아는 척을 하고 안부를 물으며 반겨준다면 그 고객의 구매 확률은 50%가 넘는 것이다. 즉, 판매에 절반은 성공한 것과 같다. 고객이 찾는 물건만 있다면 웬만해서는 구매할 것이다.

    우리는 누군가와 친분이 있다는 생각이 들면 상대방에게 거절하는 것이 쉽지가 않다. 고객이 그 매장을 두 번째 방문했을 때, 판매자가 안부를 물어주며 반겨준다면 서로 간에 친분이 있다는 생각이 들게 된다. 고객이 필요한 물건이 있다면 웬만해서는 제품을 구매해 갈 확률이 높다.

    이처럼 판매자가 재방문한 고객을 알아주고 반겨주기 위해서는 고객에 대한 기억을 잘 살려내야 한다. 판매자 중에서 한 번 응대했던 고객을 잘 기억하지 못하는 경우가 있을 것이다. 이는 기본적인 기억의 능력치가 다를 수도 있지만, 필자는 많은 판매자를 통해 고객에 대한 기억을 잘 살려내지 못하는 문제점을 발견할 수가 있었다. 먼저 판매방식에 따라 고객에 대한 기억을 잘 살려내는 판매자들의 공통점은 고객과 스토리 판매를 한다는 것이다. 스몰 토크로 시작해서 고객의 라이프스타일을 꿰뚫어 보는 능력이 있다. 그리고 그 라이프스타일에 맞는 제품을 권해주는 방식으로 판매를 한다. 이렇게 고객의 라이프스타일에 접근하여 그에 맞는 제품을 권해주는 판매방식은 고객에 대한 기억력을 높여 줄 뿐 아니라, 판매 성과 또한 높다는 것을 발견할 수 있었다. 반대로 고객에게 제품에 대한 설명만 자세히 하면서 판매하는 방식의 판매자들은 고객의 라이프스타일에 대한 정보가 없고, 단지 고객의 외모만으로 기억을 해야 하기 때문에 고객을 기억할 수가 없는 경우가 많다. 또한 판매 성과도 낮은 수준을 보인다는 것을 발견하게 되었다.

이처럼 자신이 응대했던 고객을 잘 기억하는 유일한 방법은 고객과의 스몰 토크를 통해서 그들의 라이프스타일을 섬세하게 파악하고 그에 맞는 제품을 권해주는 판매방식을 가져야 한다.

이는 자신의 판매 매출에도 큰 영향을 미치는 것이기 때문에, 가장 신경 써서 훈련해야 하는 부분이다. 추가로 고객을 잘 기억하기 위해서는 응대한 고객의 정보를 적어두는 수첩을 만들어서 응대 후에 고객의 인상착의나, 구매제품 리스트나 라이프스타일을 간단하게 기록해 놓는다면 고객을 기억하는 데에 큰 도움이 된다.

> **판매기술 레시피**
>
> ☞ 재방문한 고객을 잘 기억하기 위해서는 스몰 토크를 통해서 고객의 라이프스타일을 섬세하게 파악하고 그에 맞는 제품을 권해주는 판매방식을 택해야 한다.

칭찬 기술

판매자가 고객을 칭찬하는 것은 선택이 아니라 의무다. 판매는 관계십에서부터 시작된다고 했다. 관계십에서 서로의 관계를 유연하게 만들어 주는 것이 바로 칭찬이다. 칭찬에 능숙한 사람이 관계십에도 능하다. 관계십에 능한 판매자가 판매 또한 고수가 된다. 판매를 하면서 고객에게 진정성 있는 칭찬을 한다면 고객의 자존감은 올라가고, 지갑은 열리게 된다. 고객에게 여러 칭찬을 하더라도 기술적인 부분을 알고 칭찬한다면 그 칭찬의 효능은 배가 될 것이다.

칭찬의 첫 번째 기술은 진정성이다. 진정성이 없는 칭찬은 아부가 된다. 아부는 목적이 있는 칭찬이기에 상대방에게 되레 거부감을 느끼게 한다. 진정성 있는 칭찬이란 고객이 충분히 납득할 만한 칭찬이 되어야 한다.

칭찬의 두 번째 기술은 오늘의 칭찬이다. 칭찬도 신선도가 있다.

묵은 칭찬이나 뻔한 칭찬은 효능이 없다. 오늘의 칭찬을 한다면 상대는 더욱 신선한 호감을 가지게 된다. 예를 들어, 단골 고객인 경우 "고객님! 오늘따라 피부가 밝고 건강해 보이세요. 혹시 좋은 일이라도 있으세요?"와 같은 오늘 그리고 지금이라는 현재 시점의 칭찬을 한다면 고객은 더욱 신선하고 높은 호감을 가지게 된다.

칭찬의 세 번째 기술은 고객의 외모가 아닌 태도를 칭찬하는 것이다. 예를 들어, "고객님! 저의 말을 끝까지 잘 들어 주셔서 너무 감사해요. 고객님 덕분에 저의 자존감이 올라가는 것 같아요."와 같이 고객의 태도에 대한 칭찬을 하면 고객은 스스로가 더 나은 선한 사람으로 느끼기 때문에 자존감이 올라가는 기분이 들 수가 있다.

칭찬의 네 번째 기술은 고객의 삶이 행복해 보이는 것으로 평가를 해주는 것이다. 예를 들어, 가족단위의 고객이 왔을 때, "고객님! 이렇게 가족이 모두 함께 쇼핑을 오니깐 너무 행복해 보이세요. 아버님도 너무 자상해 보이시고요. 이런 부모님 밑에서 자라나는 아이들은 얼마나 행복할까요?"와 같은 칭찬은 고객에게 자신의 삶과 라이프스타일을 존중받는 느낌을 받게 한다. 자신의 라이프스타일이 존중받는다는 느낌이 들면 누구나 자존감이 올라가고 상대방에게 호감을 느끼게 된다.

칭찬의 다섯 번째 기술은 고객의 성격을 칭찬하는 것이다. 예를 들어, "고객님! 성격이 정말 시원시원하시네요~!! 주변 지인들에게 인기가 정말 많으시겠어요." 이렇게 성격을 칭찬한다면 고객의 자존감은 올라가고, 그에 맞게 물건도 시원시원하게 구매하게 된다.

위의 다섯 가지 칭찬의 기술을 연습하고 사용해 본다면 웬만한 고객은 자존감이 올라가서 구매결정을 좀 더 빠르고 쉽게 할 것이다. 판매의 기술 중 가장 핵심이 되는 기술이 칭찬의 기술이라는 것을 명심해야 한다. 판매자는 자신이 응대하는 한 명의 고객당 칭찬 3가지를 하는 것에 익숙해질 때까지 연습하는 것이 좋다. 위의 다섯 가지 칭찬의 공통점은 고객의 자존감을 올려준다는 것이다. 최고의 칭찬은 상대의 자존감을 올려주는 칭찬인 것을 명심하고 실천해 보자!

> **판매기술 레시피**
> ☞ 최고의 칭찬 기술은 고객의 자존감을 올려주는 칭찬이다.

고객의 라이프스타일에 관심을 가지고 인정하고 존중하라

필자가 이 책 《고객을 사로잡는 장사의 판매레시피》에서 가장 많이 언급하는 내용이 바로 고객의 라이프스타일이다. 이것이 판매의 핵심이고, 이것 하나만 파고들면 누구나 판매의 고수가 될 수 있고, 그로 인해 경제적 부를 창출할 수 있다고 확신한다. 모든 고객들의 소비성향이 각자의 라이프스타일과 연관되어 있기 때문이다. 즉, 자신의 라이프스타일을 더욱 편리하고 재미를 더해줄 무언가를 찾아서 소비를 하는 것이다. 라이프스타일이란 하루하루의 일상에 포함된 과정의 영역을 말한다. 직장생활, 취미생활, 관계십 등이 있다. 이와 같은 라이프스타일에 편리함을 제공해 주고 재미를 더해주는 제품을 구매하고 싶어지는 것이다. 반대로 해석하면 판매를 잘하기 위해서는 고객의 라이프스타일에 편리함을 제공해주고 재미를 더해주는 제품을 권해준다면, 판매는 더욱 수월해진다는 말이 된다. 이것이 판매의 모든 것이다. 판매의 고수인지, 하수인지는 단 하나의 차이뿐이다. 고객의 라이프스타일을 파악하는 스킬이 있느냐 없느냐에 달려있다. 고객의 라이프스타일을 모른 채 제품의 기능만 구구절절 설명한다면 기계와 다를 것이 없다. AI(인공지능)가 판을 치는 세상이 되어도 유일하게 인간만이 할 수 있는 일 중의 하나가 판매인 것이다. 그 이유는 고객의 라이프스타일을 섬세하게 파악하여 그것을 있는 그대로 인정해 주고 존중해 주는 것은 유일하게 인간만이 할 수 있는 일이기 때문이다. 기계는 우리의 삶을 편리하게 해주지만, 인간은 우리의 자존감을 높여줄 수가 있다. 판매과정에서 고객의 자존감을 높여주는 판매를 한다면, 최고의 판매기술을 가지고 있는 것이다. 고객의 자존감을 높여주기 위해서는 그들의 라이프스타일에 관심을 가지고 인정하고 존중해 주는 것이다. 판매고수가 되고 싶은가? 그렇다면 고객의 라이프스타일에 관심을 가지려는 노력부터 해야 한다.

 판매의 모든 성공비결은 고객의 라이프스타일에 있다는 것을 명심해야 한다.

> 🏪 **판매기술 레시피**
>
> ☞ 최고의 판매는 고객의 자존감을 올려주는 판매이고, 고객의 자존감을 높여주는 최고의 방법은 고객의 라이프스타일을 인정하고 존중해 주는 것이다.

카운터 마케팅

　판매자는 고객이 구매결정을 하고 난 후 카운터에서 계산만 하는 것으로 마무리하면 안 된다. 카운터에서도 할 수 있는 마케팅을 다 해야 한다. 고객을 응대하는 과정에서의 친절이나 서비스는 지금 당장 고객의 구매결정에 영향을 미치고, 구매결정이 끝나고 카운터에서의 마케팅은 고객의 재방문에 영향을 줄 수가 있다.
　고객이 재방문을 하기 위한 카운터 마케팅에 대해 알아보자.
　고객의 재방문을 이끌어내는 카운터 마케팅은 크게 3가지가 있다. 첫 번째 마케팅은 고객에게 유익함을 알려주는 회원 적립금을 쌓아주고, 그 쌓인 적립금을 한 번 더 인지시켜 주는 것이다. 대부분의 판매자들은 카운터에서 고객의 회원 적립금을 쌓아준 후 그 금액을 알려주지 않고 그냥 넘어가는 경우가 많다. 고객의 적립금을 공유하고 인지시켜 준다면 적립금 혜택을 사용하기 위해서라도 재방문을 결심하게 된다.

두 번째 마케팅은 고객이 구매한 제품과 연관성 있는 제품을 하나 더 보여주며 그 제품에 대한 정보를 제공하는 것이다. 예를 들어, "고객님! 오늘 구매하시는 바지에 지금 보여드리는 티셔츠와 조합이 너무 잘 맞지 않나요. 다음번에 방문하시면 지금 보여드리는 티셔츠 기억하셨다가 꼭 한번 입어보세요." 이렇게 고객이 구매한 제품과 연관된 제품을 함께 보여주고 기억을 시켜준다면 고객이 재방문할 수 있는 연결고리 역할을 하게 된다.

장사와 판매는 기억의 싸움이다. 고객이 라이프스타일(일상)에 필요한 제품을 구매하기 위해서 가장 먼저 방문하는 곳은 아마도 가장 먼저 기억나는 제품이나 매장일 것이다. 그런 심리를 마케팅에 적용한다면 카운터에서 마지막으로 기억에 남을 무언가를 보여주고 고객의 머릿속에 기억을 시키는 마케팅이 필요한 것이다.

세 번째 마케팅은 주변 분들에게 많이 소개시켜 달라는 직접적인 부탁을 하는 것이다. 이것은 마치 아날로그적인 마케팅이 될 수도 있겠지만, 효과는 예측 이상일 것이다. 예를 들어, "고객님! 오늘 구매한 제품 만족하시면 주변 분들에게 많이 소개시켜 주세요. 이렇게 좋은 매장이 있다는 것을 아직도 모르시는 분들이 많으시더라고요. 소개 많이 부탁드립니다~!!" 이렇게 다소 직접적으로 느껴질 수 있더라도, 이 말 한마디가 주변 지인이 필요한 물건이 있어서 어디를 방문하면 좋을지 고민할 때, 우리 매장을 소개시켜 줄 확률이 높아진다.

이처럼 고객이 구매 확정을 하고 난 뒤, 카운터에서 계산만 할 것이 아니라, 제한된 시간 안에 알차게 카운터 마케팅을 한다면 고객의 재방문이 늘어나게 될 것이다.

장사와 판매의 성패는 재방문에 달려있다는 사실을 명심해야 한다.

> **판매기술 레시피**
>
> ☞ 고객이 구매결정을 하고 카운터로 이동했을 때, 계산만 할 것이 아니라, 카운터에서의 마케팅을 한다면 재방문에 큰 영향을 주게 될 것이다.

고객 응대 매뉴얼의 중요성

　얼마 전 동네 고깃집에 식사를 하러 갔다. 그 고깃집은 사장님이 친절한 것으로 소문이 난 곳이었다. 주변 지인이 그곳을 다녀온 후 사장님의 친절에 감동을 받았는지, 나에게도 꼭 한번 가보라고 추천을 했다. 기대를 안고 갔지만 되레 실망감만 안고 돌아왔다. 테이블 자리 안내도 없어서 아내와 나는 잠시 헤매다가 아무 곳이나 앉게 되었고, 물과 컵 그리고 물티슈 등을 세팅해 주는 것이 당연하다고 생각하며 기다렸다. 하지만 직원 중 아무도 신경을 쓰지 않고 있어서 서빙직원을 불러 요청하자, 그 직원은 너무나 퉁명스럽게 "셀프잖아요." 하고 다시 돌아가 버리는 것이었다. 그제야 기본적인 세팅물품들은 셀프코너에 가서 고객이 직접 가지고 오는 시스템이란 것을 알게 되었다. 셀프코너가 있다는 사실에 민망하면서도 기분이 상하는 마음은 어쩔 수가 없었다. 그날따라 바빠서인지 친절하다고 소문난 사장은 주방에서 일을 처리한다고 정신이 없었고,

퉁명스러운 직원만이 필드에서 고객을 응대하고 있었다.

이런 경우는 퉁명스럽기만 한 직원의 탓일까? 그렇지 않다. 사장의 친절함을 직원 모두가 똑같이 배워서 따라 할 수 있는 매뉴얼이 없는 것이 잘못된 것이다. 대부분의 사장은 친절하다. 자신이 직접 투자를 하고 가족의 생계가 달려있는 사업장이기 때문에 고객에게 불친절한 사장은 거의 없을 것이다. 하지만 사장이 고용한 모든 직원은 사장만큼 친절하지 않다. 그러면 모든 직원이 사장처럼 친절하게 할 수 있는 방법은 없을까? 단지 친절한 성향을 가진 직원을 뽑는 것만이 능사인 것일까? 그렇지 않다. 직원을 채용해 본다면 3가지의 부류가 있다.

첫 번째는 하나를 알려주면 두세 가지를 척척 해내는 직원이다. 두 번째는 한 가지를 알려주면 그 한 가지를 성실하게 잘 해내는 직원이다. 마지막 세 번째는 한 가지를 알려주면 그대로 실천하지 않고 자기식대로 하는 직원이다. 이 세 가지 중 첫 번째 경우의 직원은 인재이고, 세 번째 경우의 직원은 둔재이고, 두 번째 경우의 직원은 사장의 교육에 따라 인재가 될 수도 있고, 둔재가 될 수도 있다. 아마도 두 번째의 경우가 가장 많은 비중을 차지할 것이다. 필자가 말하고 싶은 것은 매장에 매뉴얼 있어야 한다는 것이다.

퉁명스러운 직원은 성향 자체가 퉁명스러운 것보다는 친절에 대한 매뉴얼이 없고, 고객 응대 교육을 받지 못해서 퉁명스럽게 할 확률이 가장 높다는 것이다. 사장은 모든 직원에게 자신이 가지고 있는 고객 응대 철학과 친절할 수밖에 없는 매뉴얼을 만들어서 모든 직원에게 반복훈련을 시켜야 한다. 셀프 바가 있더라도 처음 방문하는 고객은 매장에 대한 아무런 정보가 없기 때문에 혼란스러울 수 있다. 혹시나 필자의 경우처럼 기본 세팅을 왜 해주지 않는지 물으면 "고객님! 죄송하지만 저희 매장은 셀프 바로 운영되고 있습니다. 번거로우시겠지만 바에서 필요하신 것 모두 리필 횟수 상관없이 무료로 이용 가능하십니다. 감사합니다."라고 안내한다면 그 누구도 셀프 바를 이용하는 것이 번거롭지 않고 되레 무제한 리필된다는 사실이 혜택처럼 느껴질 것이다.

고객이 친절하다고 느낄 수밖에 없는 매뉴얼을 만들고 모든 직원들에게 교육을 시킨다면 사장의 고객 응대 철학과 친절함이 모든 고객에게 고스란히 전달될 것이다. 매장의 성패는 사장만 모든 것을 잘하는 것에서 오는 것이 아니라, 고객을 가장 가까이에서 응대하는 직원들이 사장의 판매 철학과 서비스를 똑같이 따라 할 수 있는 매뉴얼을 만들어 반복 연습시키는 것에서부터 이루어지는 것이다.

지금부터 직원들의 퉁명스러운 태도에 직원을 잘못 뽑았다는 하소연만 할 것이 아니라, 고객에게 친절하게 할 수밖에 없는 매뉴얼을 만들고 반복 연습시켜야 한다. 소매점이나 의류매장에서도 마찬가지이다. 수선 고객, 제품 불량 심의의뢰 고객, 전화문의 고객 등등 다양한 상황에 따른 이상적인 응대 매뉴얼을 만들어 모든 판매자들이 최대한 똑같은 서비스의 질을 갖출 수 있도록 해야 한다.

> 📢 **판매기술 레시피**
>
> ☞ 모든 장사와 판매에는 고객을 응대하는 분명한 매뉴얼이 있어야 하고, 모든 판매원이 그 매뉴얼을 숙지하고 실천할 수 있어야 한다.

수선 고객 응대 매뉴얼

앞서 필자는 모든 매장에 고객 응대에 대한 이상적인 매뉴얼이 있어야 한다고 말했다. 그중 소매점이나 의류매장에서의 제품 수선에 대한 이상적인 응대 매뉴얼은 무엇인지 알아보자.

고객이 사용하던 제품을 들고 와서 수선을 맡기는 것은 그 제품을 계속해서 사용하고 싶은 마음을 표현하는 것이다. 우선 그것에 감사한 마음을 가져야 한다. 그리고 사용이 불편한 마음을 공감해 주어야 한다. 그런 다음 수선할 곳을 면밀하게 살펴보고 체크 후 수선접수를 해야 한다. 그리고 고객이 안심할 수 있게 수선 과정과 수선 기간을 되도록 명확하게 설명해 주어야 한다.

수선 고객 응대 매뉴얼

1) 안녕하세요. 고객님~~ 사용하시는 제품 수선 의뢰하러 오신

것이 맞 나요?

네. 잘 오셨습니다. 우선 수선 의뢰해 주셔서 감사드립니다.
2) 혹시 어떠한 점이 불편하셨나요?

아~ 네~ (고객이 설명하는 수선 부위를 살펴본다.)
3) 지금 말씀해 주신 부위와 제가 한 번 더 제품을 꼼꼼히 살펴보고 혹시나 다른 부분이 또 발견되면 고객님께 전화드리고 추가로 함께 접수해 드려도 괜찮을까요?
4) 네. 고객님! 수선 접수를 위해서 고객님에 대한 간단한 정보를 받겠습니다.

수선과정은 저희가 내일 오전 중으로 본사로 발송할 것이고요. 본사에서 제품을 받으면 저희 본사담당 수선전문가가 직접 수선을 합니다.

수선이 끝나면 다시 매장으로 발송이 되는데요. 오늘부터 수선 기간이 대략 7일 정도 소요가 될 것 같습니다. 괜찮으실까요?

수선이 완료가 되어 매장에 도착하면 저희가 한 번 더 제품 검수를 할 것이고요. 이상이 없을 시 고객님께 연락드리도록 하겠습니다. 고객님께서 불편함이 없도록 최선을 다해서 처리하겠습니다. 혹시나 추가로 궁금한 사항이 있으시면 매장으로 전화주시면 제가 직접 응대하겠습니다. 저는 ○○○이었습니다. 감사합니다.

이렇게 이상적인 수선 응대 매뉴얼을 만들고 모든 판매원이 똑같이 따라할 수 있도록 반복 연습해야 한다. 그리고 수선 고객 응대를 한다면 모든 고객이 만족할 것이고, 그 자리에서 추가 구매를 하거나 재방문할 확률이 높아지게 된다.

> **판매기술 레시피**
>
> ☞ 매장의 가장 큰 리더는 가장 이상적인 수선 고객 응대 매뉴얼을 만들고 판매원 모두가 따라 할 수 있도록 반복 연습시켜야 한다.

연계 효율을 높이는 찢어놓기 기술

    판매자가 고객을 응대하다 보면 한 명이 아닌 두 명 이상의 고객이 한 팀으로 매장을 방문할 때가 있다. 친구와 함께 방문할 수도 있고, 가족단위로 방문할 수도 있다. 대부분의 판매자들은 두 명 이상이 한 팀으로 매장을 방문했을 시 한 고객만 집중해서 응대하게 되는 경우가 많다. 하지만 매장 내에 좋은 매출을 만들기 위해서는 두 명 이상이 한 팀으로 매장을 방문했을 시에는 메인 고객이 아닌 함께 따라온 고객도 잠재고객이라고 생각해야 한다. 고객을 응대하지 않고 있는 다른 판매자에게 도움을 요청해서 마치 따로 방문한 고객이라 생각하고 맨투맨으로 응대한다면 함께 따라온 잠재고객도 덩달아 쇼핑을 하는 경우가 생겨난다. 이렇게 두 명 이상이 한 팀으로 매장을 방문할 시에는 두 판매자가 고객을 각각 따로 응대하는 기술을 찢어놓기 기술이라고 한다. 매장의 매출은 시간 대비 효율이 높아야 좋은 매출을 만들어낼 수가 있다. 지금 시대는 현금이 아닌 카드로 결제를 하는 소비자가 거의 대부분이다. 현금으로 제품을 구매하던 때에는 자신이 구매하고자 하는 제품과 가격을 분명하게 설정하고 그 돈에 맞추어 쇼핑을 하였다면, 지금은 카드로 구매하는 소비가 대부분이기 때문에 준비된 쇼핑이 아니라, 언제든지 생각이 나면 기억나는 곳이나 관심이 가는 곳으로 가서 즉흥적으로 쇼핑을 하게 된다. 이런 소비의 트렌드를 본다면, 고객의 소비 중 절반 이상은 목적 구매가 아닌 충동구매라는 것이다. 충동구매는 쇼핑을 목적으로 매장을 방문한 것이 아니지만, 구경하다가 호감이 가는 제품이 눈에 띄면 즉흥적으로 쇼핑을 하는 행위를 말한다. 즉, 친구 따라 매장을 방문했지만, 함께 쇼핑을 하게 되는 확률 또한 충분히 높다는 것을 알아야 한다. 찢어놓기 기술을 한다면 한 팀이 3명일 경우 3팀이 한 번에 매장을 방문한 것과 같은 것이다. 이렇게 한 팀을 단일 고객 수로 나누어서 응대한다면 매장의 판매효율을 극대화시킬 수가 있다.

> **판매기술 레시피**
>
> ☞ 매장에 두 명 이상이 한 팀으로 방문하였을 때는 단일 고객 수로 나누어서 응대하는 것이 판매효율을 극대화시킬 수가 있다.

매출은 긴장감, 실수는 집중

매장을 운영하는 사장이나 핵심 판매자들의 가장 큰 고충은 바로 매출일 것이다. 매출은 어디서부터 형성이 되는가? 좋은 매출을 만들기 위해서는 무엇을 가장 먼저 점검해야 하는가? 이 질문에 답을 할 수 있다면 분명 장사의 고수이고 판매의 고수이다. 물론 좋은 매출을 만드는 데는 중요한 요소들이 무수히 많다. 예를 들어 좋은 제품, 좋은 상권, 실력 있는 판매자, 편리한 입점을 위한 환경이나 편의시설 등등이 있을 것이다. 하지만 가장 핵심적인 요소는 매장을 운영하는 사장이나 판매자들의 건강한 긴장감이다. 여러 조건이 동일하다면 운영하는 사장이나 판매자의 건강한 긴장감에 따라 매출의 낮고 높음이 형성된다. 그렇다면 긴장감의 효능은 무엇일까? 평소 우리는 긴장이라고 하면 부정적인 행위로만 생각하는 경향이 있다. 하지만 사전적으로 긴장이란 단어는 마음을 조이고 정신을 바짝 차림의 뜻을 가지고 있다. 긴장감에는 긍정적인 긴장이 있고 부정적인 긴장이 있다. 똑같이 마음을 조이고 정신을 바짝 차리는 상태이지만, 생각의 내용에 따라 긍정적인 긴장감이 될 수도 있고, 부정적인 긴장감이 될 수도 있다. 예를 들어, 철수가 시험공부를 열심히 해서 시험을 눈앞에 두고서도 기대가 되고 설렘이 일어나는 상태는 긍정적인 긴장감을 말한다. 반대로 철수가 시험공부를 하나도 하지 않아서 시험이 다가올수록 두려움과 동반되어 긴장감이 생겨나는 것은 부정적인 긴장감을 말한다. 필자가 말하는 판매자가 지녀야 하는 긴장감은 바로 긍정적인 긴장감을 말한다. 준비가 된 상태에서 느낄 수가 있는 미래에 대한 설레는 믿음이나 긴장의 마음 상태를 말한다. 즉, 준비가 잘되어 있으면 미래에 대한 설렘을 끌어오게 되고, 준비가 안 되어 있으면 미래에 대한 두려움을 당겨오게 된다. 장사와 판매는 준비하는 만큼 좋은 성과를 얻게 된다. 세상 모든 장사의 영역을 섬세하게 살펴본다면, 실패하는 사람에게는 실패할 수밖에 없는 분명한 이유들이 있고, 성공하는 사람에게는 분명 성공할 수밖에 없는 분명한 이유들이 있다. 이것은 미래에 대한 센스와 준비하는 근성이 더해질 때, 성공할 수밖에 없는 분명한 이유가 생겨나는 것이다. 누구는 말한다. "장사는 다 운이다."라고. 물론 틀린 말은 아니다. 운은 분명히 존재한다. 하지만 그 운조차도 준비가 되어 미래에 대한 긍정적인 긴장감을 만들 수 있는 사람들에게 더욱 붙게 되어있다. 미래를 만나기에 앞서 모든 사람에게는 두 가지 감정이 존재한다. 설렘과 두려움이다. 설렘은 "성공할 수도 있겠다."라는 긍정적인 결과를 예측함으로써 오는 긴장감이고, 두려움은 "실패하면 어떻게 하지?"라는 부정적인 결과를 예측함으로써 오는 긴장감이다. 판매자가 가져야 할 긴장감은 바로 성공을 예측하는 설렘의 긍정 긴장감이다. 또한 긍정의 긴장감은 판매자가 스스로 평소 준비를 철저하게 하는 만큼 손쉽게 생성해 낼 수가 있다. 훌륭한 성과와 판매를 위해서는 판매자가 자신의 역할에 충실히 임하면서 긍정의 긴장감을 늘 생성해 내야 한다.

매장의 좋은 매출을 위해서 긍정의 긴장감을 가지는 것만큼이나 관리를 잘해야 하는 것이 바로 실수이다. 판매자가 하는 실수는 매장의 손실로 이어질 수가 있다. 판매자가 물건을 잘못 담아주는 실수를 한다면 고객으로부터 불신이 생겨날 수가 있고, 고객이 찾는 물건이 창고에 적재가 되어 있음에도 불구하고 재고가 없는 줄로만 알고 고객을 돌려보냈다면 이것은 판매 로스로 이어지게 된다. 이처럼 판매자의 실수는 매장의 손실로 이어질 수가 있기 때문에, 늘 실수에 대한 관리를 철저하게 해야 한다. 그렇다면 실수는 무엇으로부터 발생되고, 실수를 줄일 수 있는 해법은 무엇일까?

우선 실수는 집중하지 못함에서 나온다. 사람은 머릿속에 우선순위가 뒤죽박죽이거나, 처리해야 할 데이터의 과부하가 일어나면 실수를 하게 된다. 머릿속의 과부하는 대부분 우선순위에 집중하지 못해서 발생된다. 판매자들 중 실수가 잦아지는 경우에는 대부분이 사적으로 고민이나 문제가 있어서 지금 당장 처리해야 하는 일들에 집중하지 못하는 경우, 또는 해야 할 일들이 너무나 많아서 한두 가지를 빼먹는 실수가 발생하기도 한다. 즉, 모든 실수는 집중하지 못하는 것에서부터 나온다는 것을 명심해야 한다. 실수를 줄이기 위해서는 급히 처리해야 하는 일들을 메모를 하고 그것을 순차적으로 해결하는 훈련이 필요하다. 실수를 하지 않는 사람들의 공통된 루틴은 메모하는 습관이다. 그들은 자신이 시간별로 해야 할 일들을 설정하고 순차적으로 해결하는 힘이 있다. 직원이나 동료가 최근 실수가 잦다면 이처럼 시간대별로 처리해야 할 일들을 메모를 해서 그 스케줄을 순차적으로 해결하는 방법을 알려주고 반복 훈련을 하게 한다면 실수가 아주 많이 개선됨을 알 수가 있을 것이다.

판매기술 레시피

☞ 판매자들의 좋은 매출은 긍정 긴장감으로부터 나오고, 판매자들의 잦은 실수는 집중하지 못함에서 나온다.

실패와 실수를 구분하라

우리는 하루하루의 삶을 크고 작은 실수를 거듭하며 살아간다. 특히 소매점이나 의류매장에 있어서는 작은 실수들이 매장의 손실로 이어지기도 하고, 판매자들의 자존감을 떨어뜨리기도 한다. 판매자로 자신의 영역에서 최고가 되는 길은 너무나 멀고도 멀다. 즉, 긴 장기 레이스의 게임이다. 즉, 작은 현상들에 마음속이 요동을 치고, 실수를 실패로 스스로가 규정하며 괴로워할 필요는 없다. 판매자들은 실수와 실패를 구분하여야 한다. 필자는 장사와 판매자의 일을 25년 동안 지속해 왔다. 긴 시간 동안 지속적으로 한길을 묵묵히 걸어올 수 있었던 것은 나의 실수를 실패로 규정하지 않았기 때문이다. 판매자들은 각자 꿈꾸는 미래가 있을 것이다. 자신의 매장을 당당히 차리는 것을 꿈꿀 수도 있고, 판매하는 일을 하며 판매왕이 되는 것을 꿈꿀 수도 있고, 일정한 기간 동안 세상 누구보다 열심히 해서 파이어족을 꿈꿀 수도 있을 것이다. 하지만 그 어떤 직업보다 판매라는 영업은 가장 쉽게 접근하고, 가장 쉽게 포기하는 직종 중 하나이다. 그래서 멘탈이 그 어떠한 직업군보다 단단하게 세팅되어야 한다. 필자의 경우, "내가 포기하지 않으면 그 누구도 나의 인생에 마침표를 찍을 수가 없다!"라는 생각을 늘 품고 살았다. 내가 나의 일과 삶을 포기하는 순간 실패로 끝나겠지만, 나 스스로 나의 일과 삶을 포기하지 않는다면 나의 일과 삶에는 실패란 존재하지 않는 것이다. 성공도 마찬가지이다. 자신이 남들보다 좀 더 많은 연봉을 받고, 좀 더 좋은 집과 차를 소유하고 있다고 하더라도 스스로가 성공이라고 규정을 짓는다면 자신의 성공 스토리 또한 마침표를 찍는 것과 같다. 필자도 누군가 나에게 "성공했다."고 하면 되받아치며 말한다. 지금도 성공 중인 삶을 살고 있다고..

스스로가 마침표를 찍지 않는 이상 실패도 성공도 없다. 실패는 스스로가 실패했다고 포기하는 순간 실패가 되는 것이고, 스스로가 포기하지 않는다면 실패가 아닌 실수로 의미가 바뀌게 되는 것이다.

> **판매기술 레시피**
>
> ☞ 스스로가 포기하지 않는 이상 실패란 존재하지 않는다. 단지 실수일 뿐이고, 성공으로 가는 과정일 뿐인 것이다.

고객이 없을 때, 1팀 있을 때, 2팀 있을 때, 3팀 이상일 때의 대처법

매장을 운영해 보면 하루 중 고객이 한 번에 몰릴 때도 있고, 시간을 두고 한 팀씩 올 때도 있다. 이는 신이 아닌 이상 누구도 예측할 수가 없다. 판매업은 효율이 너무나 중요하다. 시간 대비 매출이 높아야 좋은 효율을 올릴 수가 있는 것이다. 그래서 늘 한 번에 고객이 몰릴 때를 대비해서 시나리오에 맞는 판매 동선을 짜야 한다. 소매점이나 의류점의 경우에는 고객이 몰릴 때, 판매자의 스킬에 따라 매출의 차이가 커지게 된다.

우선 매장에 고객이 1팀 있을 때는 그 1팀이 최대한 오랫동안 머물 수 있게 매장의 정보나 제품의 스토리를 전달하면서 고객 점유율을 높여가는 것이 좋고, 2팀 이상이 매장에 있을 때는 판매자들의 판매 동선이 서로가 겹치지 않게 하는 것이 중요하고, 각자가 맡은 고객을 놓치지 않게 맨투맨으로 응대하는 것이 좋다. 3팀 이상 몰릴 경우, 만약 판매자보다 고객의 수가 더 많을 때는 한 판매자가 두 팀 정도를 동시에 응대할 수가 있어야 한다. 이때 한 판매자가 고객 한 명만을 응대하는 것에 집중하다가 다른 고객에게 관심조차 두지 못하면 그 고객은 그냥 매장을 나가는 경우가 발생한다. 말이라도 조금씩 걸어주며 관심을 기울여 고객이 매장에 머무는 시간을 끌 수가 있어야 한다. 그리고 의류점의 경우 고객이 피팅룸에 옷을 입어보러 들어갔을 때는 굳이 피팅룸 앞에서 무의미하게 기다리고 있기보다, 다른 고객을 잠시 응대하는 것도 좋다. 즉, 매장 내에 판매자의 수보다 고객의 수가 많을 때는 문어발식 판매를 해야 한다는 것이다. 맨투맨 방식이 아니라, 한 판매자가 여러 고객을 유연하게 응대해야 한다. 이때는 판매와 상관없는 불편한 소통을 줄이고, 판매에 도움이 되는 말과 행동으로 빠른 회전율을 만들어내는 것이 중요하다.

마지막으로 고객이 매장에 없을 경우에는 고객이 몰려서 바빠서 하지 못한 일들을 처리하거나, 바쁠 때를 미리 준비하는 것도 좋다. 매출이 좋지 않은 곳의 공통된 특징 중 한 가지는 고객이 없을 때, 아무것도 하지 않은 채 있다가 고객이 몰리면 어떻게 대처해야 할지 몰라서 많은 고객을 놓치거나 판매효율이 떨어지는 경우가 많다. 어부는 물고기를 잡기 전에 만반의 준비를 다 하고, 고기가 몰리는 시점에는 고기를 잡는 데만 몰입을 다 한다. 여기에 모든 해답이 있다고 생각한다.

> **판매기술 레시피**
>
> ☞ 매장에 고객이 없을 때는 고객이 몰릴 경우를 대비해야 하고, 고객이 몰릴 때는 온전히 고객 응대에 몰입을 다 해야 하고, 판매자의 수보다 고객 수가 많을 때는 한 판매자당 두 팀 이상을 응대할 수 있는 문어발식의 판매를 할 수가 있어야 한다.

마인드 리셋법

하루 종일 수많은 고객을 응대하는 판매 영업은 다른 업에 비해 감정을 많이 소모하는 일 중 하나이다. 그만큼 하루에 수많은 감정이 교차하는 일이다. 판매자가 스스로 불필요한 감정이 쌓여있다면 다음에 응대하는 고객에게 최고의 서비스를 다할 수가 없게 된다. 스스로의 행복한 판매를 위해서라도 마인드를 자주 정화시킬 필요가 있다. 판매 영업을 하면서 매번 좋은 고객이나 내 마음과 같은 고객만을 응대할 수는 없다. 인생의 9:1의 법칙처럼, 모든 일에는 불편한 것 9가지와 단 1가지의 기쁨이 있다. 고객 또한 마찬가지이다. 10명의 고객을 응대하다 보면 단 한 명의 고객이 내 마음 같은 고객이고, 9명의 고객은 난이도의 차이가 있겠지만, 다소 응대하기가 불편한 고객들이다. 이 9:1의 법칙을 이해하고 진리로 받아들인다면 9가지의 불편한 고객을 좀 더 넓은 마음으로 응대할 수가 있을 것이다. 그렇다면 9가지의 불편한 고객을 응대한 후에 쌓인 감정을 어떻게 정화를 시키는지 알아보자.

판매자가 마음을 리셋하는 첫 번째 방법은 긴 복식호흡과 감사를 말하는 것이다. 긴 복식호흡은 우리의 마음을 안정시켜 주고, 감사를 말하는 것은 마음속 부정을 정화시켜 준다. 이는 여러 많은 과학적 실험에도 증명된 바가 있다. 긴 복식호흡과 감사를 말하는 것만으로도 마음속이 정화되고 리셋되는 것을 경험하게 될 것이다.

판매자가 마음을 리셋하는 두 번째 방법은 10명의 고객 중 단 1명의 내 마음 같은 기쁜 고객을 되새기며 힘을 얻는 것이다. 하루 방문하는 고객 중에는 단 10%의 기분 좋은 고객이 있다. 그 고객과의 소통과 판매를 기억하며 감정을 회복하는 것도 도움이 된다. 우리가 살면서 과거의 좋은 기억을 되새기면 잠시 불편했던 감정이 회복되는 것처럼, 기분 좋은 10% 고객과의 소통과 판매를 되새기는 것이다.

판매자가 마인드를 리셋하는 세 번째 방법은 다음에 할 일을 체크하는 것이다. 우리는 다음 스케줄을 상기하게 되면 과거에 머물러있던 감정이 다시 미래로 향하게 된다.

판매자의 마음에는 좋은 것도, 나쁜 것도 남아 있으면 안 된다. 모두 리셋하고 다시 새로운 것으로 채울 준비가 되어 있어야 한다. 귀한 음식을 담기 위해서는 그릇을 깨끗이 비워야 하는 것처럼, 새로운 좋은 판매를 위해서는 마음을 자주 리셋하는 것이 중요하다.

> **판매기술 레시피**
>
> ☞ 판매자의 마음을 늘 새로운 것으로 채우기 위해서는 자주 마인드 리셋을 해야 한다.

고객에게 옷을 필착시키는 법

　의류매장의 경우 판매자가 고객을 응대하면서 구매 확률을 높이는 데 많은 힘을 써야 한다. 고객이 우리 제품을 구매할 확률을 높이기 위한 가장 좋은 방법은 우리 제품을 필착시키는 것이다. 즉, 옷의 경우 직접 입어보고 체험할 수 있도록 하는 것이다. 제품을 체험하게 하면 체험하지 않는 경우보다 구매 확률이 1.8배 상승한다고 한다. 우리가 장을 보러 대형마트에 가면 시식 행사나 시음 행사에 참여할 수 있는데, 이것도 역시 마트 측에서 같은 심리로 진행하는 행사라 할 수 있다. 고객은 눈으로만 보는 것보다 만져보고 체험하면 구매자극이 높아진다. 의류매장의 경우에도 판매자가 고객에게 옷을 필착해 보게 하고 체험해 보게 한다면 고객의 구매자극이 상승해서 구매율이 높아지는 것을 알 수가 있다. 따라서 옷 가게의 판매자들은 고객이 호감을 느낄만한 옷을 함께 컨택하고 필착까지 이어간다면 구매율을 높이고 매장의 매출 또한 좋아지게 될 것이다. 그렇다면 고객의 구매자극을 높여줄 필착은 어떻게 해야 하는 것인지 알아보자.

대부분의 고객은 구경하고 있는 옷을 필착해 보라는 판매자의 권유를 들으면 '혹시나 입어보고 마음에 들지 않아 구매를 하지 않게 된다면 어떻하지?'라는 부담감을 가지게 된다. 고객에게 옷을 필착해 볼 것을 권유할 때는 부담을 주지 않는 것이 첫 번째 기술이다. 예를 들어, "고객님! 지금 보시는 제품을 착용해 보실 수 있습니다. 만약 착용 후 마음에 들지 않으면 구매하지 않으셔도 되니깐요. 부담 갖지 마시고 착용해 보시기 바랍니다." 이렇게 고객의 부담감을 줄여주는 말로 옷을 착용해 볼 것을 자연스럽게 권유하는 게 좋다.

필착을 위한 두 번째 기술은 유익함으로 표현하는 것이다. 인간은 누구나 자신에게 유익하다고 판단되면 행동에 적극성을 보이게 된다. 예를 들어, "고객님! 지금 보시는 옷의 경우에는 그냥 눈으로만 보고 구매하시는 것보다 필착해 보고 구매결정을 하시는 것이 유리합니다. 지금 마침 피팅룸이 비어 있으니 필착을 도와드리겠습니다." 이렇게 필착이 구매결정에 유리하다는 것을 인식시켜 주면 고객은 필착하는 것에 적극성을 보이게 된다.

필착을 위한 세 번째 기술은 호기심을 자극하는 것이다. 고객은 호기심을 자극하는 말을 들으면 행동에 적극성을 보이게 된다. 예를 들어, "고객님! 지금 보시는 옷은 조금 특별한 옷입니다. 친환경소재로 만들었다는 점과 옷의 핏이 사람의 체형을 돋보이게 하는 제작공법으로 만들어져서 아마도 입어보시면 왜 이 옷이 특별한 옷

인지를 눈으로 확인할 수가 있을 것입니다." 이렇게 옷에 대한 호기심을 자극하는 스토리를 전달하게 되면 고객은 필착에 더욱 적극성을 보이게 될 것이다.

> **판매기술 레시피**
>
> ☞ **고객이 필착에 적극성을 보이게 하는 3가지 기술**
> 1) 필착에 대한 부담감을 줄여주기!
> 2) 필착 후 구매결정을 하는 것이 유리하다는 것을 강조하기!
> 3) 제품에 대한 특별한 스토리로 고객의 호기심을 자극하기!

스토리 판매가 이긴다

　몇 년 전 필자가 운영하는 매장의 브랜드 본사에서 개최하는 특별한 행사에 초청을 받아서 중국 상하이에 간 적이 있었다. 벌써 몇 년이 지난 과거의 에피소드이지만, 그때의 기억은 너무나 충격적이었고, 그때 받은 영감이 나의 비즈니스에도 많은 영향을 미치게 되었다. 마치 미래의 판매 문화를 한눈에 볼 수 있었던 값진 경험이었다.

　필자가 충격을 받게 된 두 곳 중 첫 번째가 스타벅스 리저브(reserve) 매장이었다. 중국 상하이 중심에 위치한 스타벅스 리저브는 웨이팅부터 100~200m의 줄을 서서 기다려야만 했고, 오랜 시간을 기다려 매장 입구에 들어서자, 입이 벌어질 수밖에 없었다. 마치 커피 박물관을 연상시키는 것 같은 인테리어가 인상적이었고, 원두의 생산 공정과 불에 굽는 과정을 비롯해 원두 한 알 한 알이 그라인딩되어 커피 한 잔이 추출되기까지의 공정을 앉아있는 테이블에서 한눈에 볼 수 있었다. 그리고 바리스타가 주문한 커피를 내어 줄 때는 작은 카드도 함께 전하면서 자신들이 판매하는 커피의 스토리를 아주 진지하게 설명해 주는 동시에 커피를 가장 이상적으로 즐길 수 있는 팁까지 알려주었다. 매장 밖에서는 매번 100~200m의 웨이팅 고객이 줄을 서서 기다리고 있었지만, 수십 명의 바리스타는 조급해 하지 않고 자신이 응대하는 고객 한 명 한 명에게 주문한 커피의 스토리를 섬세하게 전달했다. 갓 구운 빵과 함께 커피를 너무 맛있게 먹고 나서 매장 주변을 돌아보는데, 넓은 공간에 스타벅스가 커피 제작을 위해 사용하던 소품들과 50년 된 스타벅스의 역사 스토리가 묻어있는 커피용품들이 진열되어 있는 곳을 발견했다. 현실적인 장사꾼의 눈으로 볼 때에는 "그 넓은 소품이 진열된 공간을 없애고 고객이 앉을 수 있는 테이블을 더 많이 만드는 것이 어떨까?"라는 생각을 했지만, 시간이 지날수록 그들의 전략이 더욱 호기심과 깊은 호감을 이끌어 낸다는 확신이 들었다.

두 번째 충격을 받게 된 매장은 나이키 매장이었다. 상하이의 중심가에 위치한 나이키 매장은 지하 1층부터 4층까지 단독으로 사용하는 건물이었다. 충격적이었던 것은 1층에는 상품 진열을 하지 않고 나이키의 역사를 한눈에 볼 수 있게 꾸몄고, 유리박스 안에 인간의 하체를 본떠서 만든 로봇이 나이키 러닝화를 신고 슬로우모션으로 뛰는 모습을 동적으로 연출한 것이 눈에 띄었는데, 러닝을 할 때 바닥에 딛는 부분을 슬로우모션으로 연출하여 고객이 가상 체험을 할 수 있게 한 것이 놀라웠다. 스피커에서 나오는 소리도 음

악이 아닌 호기심을 자극하는 특유의 소리였으며, 모든 것이 신기하고 고객을 그 공간에 몰입하게 만들었다. 그리고 무대 중간에 운동화 하나가 진열되어 있었는데, 운동화 끝이 없는 BOA 형태의 디자인이었고, 스마트 폰으로 끈을 조작할 수 있게 한 운동화였다. 이 운동화는 몸이 불편한 장애자들을 위해 제작되었다고도 했다.

지하 1층에는 농구 골대가 있었고, 고객들이 실제로 농구공을 들고 농구를 체험하며 즐기고 있었다. 벽 한쪽 끝에는 많은 고객이 다음 달에 출시될 운동화를 주문하기 위해서 줄을 서서 기다리고 있었다. 2층부터는 본격적인 보통의 판매매장과 같은 형태의 모습이었다. 진열된 제품을 구경하는 고객, 제품을 착용한 모습으로 거울을 보며 판매자와 소통하는 고객, 줄을 서서 카운터에서 계산을 기다리고 있는 고객이었다.

5년 전에 필자가 충격을 받고 동시에 예측한 판매문화의 미래는 바로 '스토리 셀링'이었다. 최선을 다해서 제품을 만든 후, 적당한 가격에 여러 마케팅을 통해 고객을 유치하고 판매하는 것은 예전의 방식이다. 물건만 파는 장사는 3류이고, 물건과 친절을 함께 파는 장사는 2류이고, 물건과 친절과 스토리를 함께 파는 장사가 1류인 것이다. 아주 값비싼 가구전시장에 가보면 가구 하나하나, 소품 하나하나에도 그만의 스토리가 있다. 즉, 소재나 기능을 앞세워 설명하는 것이 아니라, 제품에 대한 스토리의 가치를 설명하는 것에 중점을 둔다. 즉, 어차피 최고급 소재로 만든다는 것을 누구나 알기에, 그들의 마케팅에는 제품 하나하나의 가치 높은 스토리를 얼마나 잘 전달하는지에 성패가 달려있다는 것이다. 이제는 제품의 좋은 품질과 판매자의 친절은 옵션이 아니라, 기본사양이 된 것이다. 이와 함께 얼마나 제품의 스토리를 설정하여 제품을 만들고, 그 스토리를 잘 전달하는지가 경쟁력이 되어버린 시대가 된 것이다. 모든 제품에는 그만의 스토리가 숨어있다. 그 스토리를 발견하고 고객에게 섬세하게 전달한다면, 아마도 최고의 셀링 포인트가 되어줄 것이다. 고객의 구매를 자극하고, 구매 목적을 두고 있는 구매 포인트와 제품의 장점을 섬세하게 표현하는 셀링 포인트가 서로 접점을 만나게 되면, 그것이 바로 구매로 이어지게 되는 것이다. 판매자가 고객의 라이프스타일을 세심하게 파악하고, 그것을 빛내거나 유익함을 줄 수 있는 제품을 컨택해서 제품에 대한 정보를 제공해 주는 것과 함께 제품에 숨어있는 값진 스토리를 섬세하게 전달할 수 있다면, 고객은 제품만이 아닌 스토리도 함께 구매하는 기분이 들 것이다. 이처럼 판매자는 자신이 판매하는 제품 하나하나에 숨겨진 스토리를 발견하고 숙지해야 한다. 그리고 고객 응대 시 섬세하게 스토리를 전달하는 것에 익숙해진다면, 어느새 판매왕이 되어있는 자신을 발견할 수가 있을 것이다.

> **판매기술 레시피**
> ☞ 제품에 숨어있는 값진 스토리를 발견하고 섬세하게 전달하라!

기대 가격을 높여야 판매가 수월해진다

고객은 자신이 고른 제품을 보면서 본능적으로 기대하는 가격을 정하게 된다. 즉, 이 제품은 대략 얼마쯤 하겠다는 것을 예측하게 된다. 자신이 예측한 가격보다 실제 가격이 낮으면 저렴하게 느껴질 것이고, 자신이 예측한 가격보다 높은 가격이면 비싸게 느껴질 것이다. 즉, 고객 스스로가 예측한 가격보다 낮아야 그 가격에 만족해서 구매결정을 좀 더 쉽게 할 것이다. 그렇다면 판매자는 고객에게 제품을 보여주고 설명해 줄 때, 최대한의 높은 가치를 증명할 근거를 제시해야 고객이 예측하는 가격이 높게 올라갈 것이다. 예측하는 가격, 즉 기대 가격을 높일 수 있어야 판매가 수월해진다. 기대 가격을 높이기 위해서는 가격을 공개하기 전에 제품의 스토리를 전달해야 한다.

제품마다 값진 스토리가 있다. 그 스토리를 제대로 전달한다면 고객은 단순히 제품의 기능만 보고 가격을 예측할 때보다, 그 제품의 스토리를 함께 인식한 후 예측하는 가격은 월등히 높게 책정이 된다. 요즘은 어느 곳을 가든지 가격표가 붙어있는 정찰제이지만, 그렇다고 해서 고객을 응대하면서 일일이 가격을 먼저 공개할 필요는 없다. 제품에 대한 스토리를 충분히 전달하고 나서 가격을 공개하는 것이 유리하다.

필자는 어느 날 아내와 함께 꽃 화분 하나를 구매하려고 아내가 추천한 나름 유명한 꽃집을 방문했다. 그 꽃집에는 꽃마다 꽃말들이 정성껏 적혀있는 안내 팻말이 붙어있었고, 가격은 "주인에게 문의하세요~"라고 적혀있었다. 그래서 우리는 가격보다는 꽃말을 먼저 보면서 꽃을 구경하게 되었고, 결국 꽃말이 마음에 드는 꽃을 선택했다. 그리고 나서 가격을 문의하자, 주인 분께서 매장 뒤에 걸려있던 가격표를 보여주면서 가격을 알려주었다. 생각보다 저렴한 가격이었고, 결국 한 개를 더 사서 집으로 돌아왔다. 나는 꽃값을 결제한 후 주인 분께 "꽃 화분에는 가격표가 왜 안 붙어있나요?"라고 물으니, 꽃말을 알지 못하고 가격부터 본다면, 꽃말도 모른 채 생명이 아닌 공장에서 찍어낸 공산품처럼 가격표에 맞게 가치를 매기는 것이 속상했다고 한다. 어차피 정찰제로 가격은 정해두었고, 가격표까지 공개하며 판매를 하니 고객과의 신뢰도 지킬 수가 있고, 고객 또한 꽃말을 알고 가니 너무 기분이 좋다는 것이었다. 어쩌면 꽃말이 꽃의 스토리가 아닐까 싶다. 소매점이나 의류점 또한 꽃말처럼 각각의 스토리를 발견하고, 가격부터가 아닌 스토리부터 전달한다면 고객의 기대 가격을 높일 수가 있고, 스토리 또한 함께 건넬 수가 있는 것이다. 결국 판매도 수월해지고, 스토리를 안고 간 고객 또한 제품을 더욱 값지게 사용하게 될 것이다. 만일 어느 한 옷 가게에서 스토리를 알고 구매한 고객에게 주변 지인 누군가가 "그 옷 뭐야?"라고 묻는다면, 아마도 "이 옷은 이런 스토리를 의미하는 옷이라서 마음에 들어서 샀어."라고 행복한 미소를 띠며 말해줄 것 같다.

> **판매기술 레시피**
>
> ☞ 판매자는 고객에게 제품의 가격보다 그 안의 스토리부터 전달하여 제품의 기대 가격을 높일 수가 있어야 판매가 수월해진다. 그리고 스토리를 알고 구매한 고객은 우리 제품을 더욱 귀하게 여겨 주변 지인들에게 자랑하며 사용할 것이다.

함께 따라온 핵심 인물을 공략하면 판매가 쉬워진다

여러 명이 한 팀이 되어 소매점이나 의류매장을 방문하는 경우가 종종 있을 것이다. 이럴 때는 실제로 구매 목적으로 방문한 고객보다 함께 따라온 지인에 의해 구매결정이 좌우되기도 한다. 예를 들어, 친구 3명이 같이 와서 옷을 구경하는데, 실제 구매 목적으로 온 고객이 구매결정을 하려는 순간, 한 친구가 "야! 다른 곳도 보고 오자~!!"라는 말 한마디에 판매를 놓치는 경우가 종종 있다. 이런 판매 로스를 줄이기 위해서는 판매자만의 노하우가 필요하다. 2명 이상이 한 팀을 이루어 방문했을 시 가급적 시간이 허락된다면 다른 판매자가 함께 따라온 고객들을 응대해 주는 것이 바람직하다. 즉, 찢어놓기 판매를 하는 것이다. 또한 함께 따라온 친구 중 대화의 중심이 되는 리더를 공략해야 한다. 진심이 담긴 칭찬으로 판매자의 심리적인 편으로 만들어 놓는 것이 스킬이다. 칭찬은 상대의 이성적 사고를 마비시킨다. 누군가에게 칭찬을 듣게 되면, 우뇌가 활성화되어 이성이 아닌 감성적으로 판단을 하게 된다. 그렇다고 해서 고객에게 속임수를 쓰라고 하는 것이 아니다. 친구들의 작은 소리에 구매 고객이 자신의 구매결정을 번복하게 된다면, 이보다 속상한 것이 없다. 그것은 필자가 25년 동안 현장에서 경험하고 연구한 끝에 알게 된 노하우이다. 또한 한 가족이 매장을 방문했을 때는 물주와 주인공을 찾는 것이 중요하다. 이유는 구매결정이 물주와 주인공의 영향을 가장 많이 받기 때문이다. 물주는 계산을 하는 사람을 말하고, 주인공은 제품을 사용할 사람을 말한다. 이 두 사람이 구매결정에 가장 큰 영향을 주기 때문에, 이 두 사람을 공략해야 판매를 더욱 수월하게 할 수가 있다. 예를 들어, 엄마가 물주이고 학생이 주인공이라면, 이 둘의 취향에 맞는 물건을 컨택하게 하는 것이 유리하다. 또한 물주와 주인공, 이 둘 중에서도 결정권이 있는 사람이 있다. 결국 결정권이 있는 고객에게 칭찬과 존중으로 자존감을 올려주고, 설득력 있는 응대를 해야 하는 것이다.

이처럼 2명 이상이 한 팀으로 방문했을 때는 대화의 중심이 되는 리더나 구매결정권을 가지고 있는 일행에게 칭찬과 존중으로 자존감을 높여주는 응대를 한다면 판매가 더욱 수월해질 것이다.

> 판매기술 레시피
>
> ☞ 일행이 여러 명인 고객의 경우 구매결정에 영향을 주거나 구매결정권을 가지고 있는 사람을 미리 파악해서 칭찬과 존중으로 자존감을 높여주는 응대를 한다면 그의 입김으로 판매 로스가 발생되는 것을 방지할 수 있게 된다.

아이 고객 판매법

아이들을 주 고객으로 하는 키즈 의류매장의 경우 1세~4세, 5세~8세, 9세~14세까지 나누어 판매 노하우를 알려주겠다.

1~4세 영유아 고객의 경우 구매결정의 권한은 모두 엄마에게 있다. 아이의 의사와 상관없이 엄마의 욕구를 공략해야 판매가 수월해진다. 즉, 엄마의 취향을 먼저 파악하고 나서 제품을 권해주는 것이 유리하다. 설득 포인트는 최근에 나온 신상품으로 흔하지 않아야 하며, 사진을 찍으면 너무나 예쁘게 잘 나올 수 있는 물건이어야 한다. 그리고 세탁이 용이하거나 제품의 기능은 구매결정에 있어서 후순위에 있다. 즉, 신상품 중에 흔하지 않고 사진을 찍으면 예쁘게 잘 나와서 SNS에 올리기 좋은 제품이면 구매결정을 쉽게 하게 된다.

5세~8세 토들러 고객의 경우에는 활동이 많아지는 시기이다. 이 시기는 엄마의 결정권이 70%, 아이의 의사가 30% 반영된다고 보면 된다. 그렇지만 아들과 딸의 경우에는 조금 차이가 있다. 아들의 경우에는 엄마의 권한이 크지만, 딸의 경우에는 엄마의 의사가 50%, 아이의 의사가 50% 반영된다고 본다. 그래서 딸의 경우에는 좀 더 아이의 마음에 드는 옷을 컨택해 주고 호감을 이끌어내는 것이 중요하다. 아들의 경우에는 영웅심리에 약할 때라, 달리기나 운동을 잘할 것 같다는 칭찬으로 아이들의 영웅심리를 자극하는 것이 바람직하다. 그리고 운동이나 달리기를 할 때 입으면 편하고 도움을 준다는 셀링 포인트로 남자아이들의 구매심리를 자극해야 한다. 즉, 아들의 경우에는 영웅심리를 자극하고, 딸의 경우에는 부드럽고 섬세하게 응대하면서 제품에 대한 호감을 이끌어내는 것이 중요하다.

마지막으로 9세~14세 주니어 고객의 경우에는 성장에 예민한 시기이다. 그리고 너무 유아스러운 옷은 자칫 비호감을 줄 수 있기 때문에, 구매하려는 아이보다 한두 살 더 많은 아이들에게 인기 있는 옷을 권해주는 것이 유리하다. 즉, 아이들이 좀 더 어른스러워 보이고 싶은 시기라, 너무 유아스러운 옷보다는 한두 살 많은 형들이나 언니들이 하는 것을 따라 하기를 좋아하기 때문이다. 색상의 경우 남자아이는 파란색에서부터 탈피하고 싶은 시기이고, 여자아이는 핑크색에서부터 벗어나고 싶은 시기이다. 그리고 이 시기는 연예인에게 관심이 시작되는 나이라, 매장에서 판매하는 브랜드의 광고모델을 어필하는 것도 도움이 된다.

> **판매기술 레시피**
>
> ☞ 나이별로 판매 포인트를 연습해서 판매한다면 키즈 의류 또한 판매가 더욱 수월해질 것이다.

고객의 삶의 불편함을 체크하여 공감해 주고, 그것을 해결하는 데 정성을 다하라

어느 더운 여름날, 할머니 한 분이 A라는 스포츠 의류매장을 방문하셨다. 한 판매원이 할머니 뒤에서 뒷짐을 진 채 가만히 서 있기만 했다. 할머니는 발이 아파서 발이 편한 운동화 하나 사러 왔다고 판매원에게 말했다. 그러자 판매원은 "네. 여기서 파는 운동화는 발이 다 편해요. 사이즈 필요한 것 있으면 이야기해 주세요."라고 말했다. 잠시 어색한 침묵의 시간이 흐른 뒤, 할머니는 고개를 좌우로 흔들며 매장 밖으로 나오셨다. 그리고 바로 옆에 있는 B매장으로 발걸음을 옮기셨다. 할머니가 매장 문을 열고 들어서자, 판매원이 "어서 오세요~!! 고객님~!!" 밝은 인사를 하며 할머니를 반갑게 맞이해 주었다. 그리고 할머니께서 이전과 똑같이 "내가 발이 아파서 그러는데, 발이 편한 운동화가 있는가 해서 들어왔어요."라고 말씀하셨다. 판매원은 "네. 어머니 혹시 발 부위 중 특히 어디가 많이 불편하신가요?"라고 물었다. 할머니는 "내가 며칠 전에 족저

근막염이 생겨서 걸을 때마다 발바닥이 많이 아파요."라고 말했고, 판매원은 "네. 어머니 많이 불편하시겠어요. 지금처럼 발바닥이 많이 아프실 때는 최대한 발바닥 쿠션이 푹신푹신한 것을 신어야 해요. 우선 어머니의 발 모양을 체크해 봐도 될까요?"라고 말하고 할머니의 발 모양에 잘 맞는 유형의 신발을 골라 쿠션이 가장 좋은 3가지를 추천해 드린 후, 그중 할머니가 가장 마음에 드시는 운동화를 기분 좋게 판매하였다. 할머니는 운동화를 신고 가시면서 판매원에게 고맙다는 말을 여러 번 하셨다.

여기서 A매장의 판매원과 B매장의 판매원의 차이는 무엇이었을까? 단순히 친절의 차이가 아니다. 방법의 차이인 것이다. 판매에 실패한 A매장의 판매원은 고객이 고르는 물건의 사이즈를 찾아만 주는 형식적이고 기계적인 모습이었다면, B매장의 판매원은 고객의 불편함을 물어봐서 함께 공감하고 그것을 해결해 주는 데 집중하였다. 그리고 판매에까지 성공하게 되었다. 할머니 고객은 그 이후 A매장보다 B매장을 재방문하여 재구매를 할 확률이 높을 것이다.

사람의 머리에 인식된 기억은 금세 잊어버리지만, 가슴에 인식된 기억은 아주 오랜 시간 동안 자리 잡게 된다. 누군가에게 친절하고 자신의 불편함을 함께 고민하고 해결해 주었던 고마운 기억은 오랜 시간 동안 기억에 남는다. 매장을 운영하는 사장이나 판매자들은 고객의 머리가 아닌, 가슴에 기억되는 판매를 해야 한다. 그리고 가슴에 남은 기억은 오랜 시간 동안 자리 잡아 자신이 필요한 물건이 생겨날 때마다 가슴에 기억된 매장을 찾게 된다. 이것이 바로 매장의 성패가 좌우되는 재방문의 특급 수완인 것이다.

> **판매기술 레시피**
>
> ☞ 인간의 머리에 기억되는 정보는 금세 잊어버리지만, 가슴에 남은 기억은 오랜 시간 동안 자리 잡게 된다. 판매자는 고객의 가슴에 남을 만한 판매를 해야 한다. 그렇게 되기 위해서는 고객의 불편함을 함께 찾아서 공감해 주고, 그것을 해결하는 데 정성을 다해야 하는 것이다.

하루하루 파티를 여는 마음으로

"판매자 여러분! 당신들은 오늘 고객과 함께할 파티를 준비하고 있나요? 아니면 평소와 다를 것이 없는 일상을 준비하고 있나요?"

이 말은 유명한 영업 전문 강사가 자신이 체득한 영업의 노하우를 전하는 강의를 시작하면서 한 오프닝 멘트였다. 파티라니… 매장에서 물건만 잘 팔면 되지 왠 파티? 강의를 듣기 위해 모인 수많은 청중들은 의아해했다. 하지만 강의가 시작되고 시간이 흐를수록 그 의미를 찾게 되었다. 장사와 판매는 매일 같이 고객을 우리 매장으로 초대하는 일이다.

당신의 집에 당신의 성공을 만들어줄 귀한 손님이 방문한다면 당신은 어떠한 마음으로 그들을 맞이할 것인가? 아마도 나의 성공을 만들어줄 손님이기에 집 안 구석구석을 청소도 할 것이고, 손님이 머무는 시간과 동선에 따른 유익함과 편리함을 제공하기 위해서 최선의 노력을 다할 것이다. 이것이 바로 장사나 판매자가 가져야 할 마음가짐인 것이다. 하지만 현실은 어떠한가? 부스스한 모습으로 매장 문을 열고, 대충 청소만 하면 마치 장사 준비를 다한 것이라고 생각한다. 장사를 하는 사장이나 판매자들은 우리 매장을 방문하는 고객 모두를 초대장을 받고 우리가 준비한 파티장에 와서 나의 성공을 돕는 데 힘쓰는 귀한 손님이라고 생각해야 한다. 매장 오픈 전, 마치 파티를 준비하는 마음으로 고객의 동선을 미리 점검하고, 불편함이 없게 철저히 준비하고 또 준비해야 한다. 그리고 매장을 방문하는 고객 모두가 나의 성공을 만들어주기 위해 파티장에 입장한다고 생각해야 한다. 얼마나 귀하고 값진 순간인가?

자신의 모습을 단정하게 갖춘 후, 한 고객 한 고객에게 밝게 인사를 할 수밖에 없고, 친절하게 에스코트할 수밖에 없고, 그들의 이야기를 경청하며 공감할 수밖에 없고, 그들에게 불편함은 없는지 매 순간 점검할 수밖에 없다. 이렇듯 장사를 하고 판매를 하는 우리는 매일 같이 고객과 함께할 파티를 여는 것과 같다. 하지만 실패하는 매장의 사장이나 판매원들은 매장 오픈 전, 스스로를 단정하게 갖추는 데 힘쓰지 않고, 방문하는 고객을 자신의 성공과는 무관하다고 생각하며 응대한다.

모든 성공은 결과를 좇지 말고 과정을 좇아야 한다. 결과가 좋은 매출과 성공이라면, 과정은 고객을 만족시키는 일이다. 하루하루 자신의 매장에 자신의 성공을 만들어주는 귀한 손님을 초대해서 파티를 연다고 상상하며 오픈 준비를 해보자~!! 좋은 결과는 당연히 따라올 수밖에 없을 것이다.

> **판매기술 레시피**
>
> ☞ 판매자는 하루하루 자신의 성공을 만들어줄 귀한 손님을 초대해서 파티를 연다고 생각하고 오픈 준비를 해야 한다.

강심장이 큰 연계를 만든다

 초원을 지배하는 사자는 다른 동물들과 어떠한 차이가 있을까? 자칫 긴장을 늦추면 먹고 먹히는 초원의 한중간에서 다른 동물들과 달리 사자는 배를 뒤집고 편안히 잠을 잘 수 있는 강심장이 있기 때문인 것이다. 모든 영역을 지배하는 자들에게는 강심장이 있다.
 판매의 영역에서도 강심장이 있어야 큰 성과를 거둘 수가 있다. 조금 현실적인 조언을 한다면, 판매자들은 강심장을 가져야 더 많은 제품을 보여주게 되고, 그 결과 큰 판매 성과를 거둘 수 있게 되는 것이다. 소매점이나 의류점의 경우 고객이 매일 같이 방문할 수가 없다.
 음식점과 같이 매일 방문해서 식사를 하는 것이 아니라, 가끔씩 일상에 필요한 물건을 구매하기 위해 방문을 한다. 그 말은 매일 같이 신상품이 들어오고, 트랜드가 매일 같이 바뀌는 것을 고객들이 쉽게 체감하지 못한다는 것이다. 그래서 판매자는 고객이 방문할 때마다 최대한 매장의 스토리와 제품의 다양한 정보를 전달하는 것이 중요하다. 하지만 고객이 부담스럽게 생각할까 봐 고객이 도움을 요청하지 않는 이상 침묵을 유지하며 소극적으로 고객 응대를 하는 매장이 대부분이다. 여기서 매출의 성패가 결정된다. 즉, 고객이 먼저 묻지 않아도 고객에게 부담을 주지 않는 선에서 최대한 최근에 들어온 제품과 트렌드를 적극적으로 제공해 주어야 한다. 그 과정 속에서 고객이 관심을 가지는 물건이 많아지고 연계판매(한번에 많은제품판매)도 이루어지는 것이다.

이렇게 자신 있게 응대하기 위해서는 강심장이 필요하다. 여기서 강심장은 너무 상대를 의식해서 자신만의 플레이를 못 하는 것이 아니라, 적극적으로 고객에게 도움을 줄 수 있는 최대한의 정보를 제공하는 것이 판매에도 유리하고, 고객에게도 도움을 주는 것이라고 믿는 마음이다.

강심장을 가지는 것은 훌륭한 판매를 하기 위한 핵심 준비물을 장착하는 것이다. 모든 판매자들이여! 겁내지 마라! 고객에게 제공하는 모든 정보는 결국 고객에게 부담을 주는 것이 아닌, 도움을 주는 것이다. 자신감 있게! 적극적으로! 자신이 판매할 물건의 정보를 과감하게 제공하라! 그리고 고객에게 도움이 될 만한 유익한 물건을 최대한 많이 보여주고 보란 듯이 구매결정까지 만들어 내어라!

> **판매기술 레시피**

☞ 판매자에게는 강심장이 가장 먼저 세팅되어야 한다. 강심장이란 고객을 배려한답시고 침묵을 지키는 것이 아니라, 과감하게 고객에게 도움이 될 만한 제품과 정보를 제공하는 것이다. 그리고 판매로 보란 듯이 만들어 내는 것이다.

큰 고객(VIP) 창출법

고객층은 총 네 부류로 나뉜다. 오늘 처음 방문하는 고객, 단골 고객, VIP 고객, 충성 고객이다. 그중 VIP 고객관리는 매장의 좋은 매출을 위해서 너무나 중요한 요소이다.

VIP 고객은 'Very Important Person'의 약자이다. 직역하면 '매우 중요한 사람'을 말한다. VIP는 매장의 성공을 위해서 매우 중요한 사람이다. VIP는 자주 방문하지는 않지만, 한번 매장을 방문하면 큰 매출을 올려주는 고객을 말한다. VIP 고객은 발견이다. 판매자가 아무리 판매 수단이 뛰어나고 친절하더라도 주머니 사정이 좋거나 재정적 힘이 있는 사람들이 큰 소비를 할 수가 있기 때문이다. 소비금액도 고객의 소비습관이다. 즉, 한번 큰 소비를 하는 고객은 다음번에 재방문을 하게 되더라도 소비금액은 과거와 비슷하게 할 확률이 높다. 그렇다면 처음 오는 고객을 VIP 고객으로 확보하는 노하우는 무엇일까? VIP 고객은 성향상 무리를 지어서 다니지 않고 혼자서 조용히 쇼핑하는 경우가 많다. 차림새가 단정하고, 비교적 디자인이 심플한 고가의 옷이나 액세서리를 착용한다. 로드숍일 경우 고객이 타고 온 차만 보아도 고객의 재정적 수준을 예측할 수가 있다.

VIP 고객의 소비 특징은 우선 시간이 없고 돈이 많은 부류이기 때문에 불필요한 소통이나 말을 너무 많이 하는 것은 좋지 않다. 즉, 고객이 제품에 집중할 수 있는 분위기를 만들어주는 것이 중요하다. 할인 제품보다는 신상품 위주의 제품을 보여주고 한정판처럼 흔하지 않고 누구나 쉽게 살 수 없는 제품을 위주로 보여주는 것이 포인트이다. 그리고 VIP 고객들의 특징은 시간이 없기 때문에 자주 매장에 오지는 못한다. 가끔씩 방문해서 많은 제품을 구매하는 타입이기 때문에 최근의 제품 근황이나 스토리를 전달해 주고, 고객의 라이프스타일을 빛내거나 유익한 제품들을 최대한 과감하게 보여주는 것도 좋다. 그리고 제품을 구매하고 난 뒤 카운터에서는 고객에게만 드리는 혜택을 제공해 주는 것이 좋다. 고객에게 우리 매장의 VIP라는 느낌을 주는 것이 중요하다. 특별한 선물을 준다거나, 구매 후 커피쿠폰을 보내준다거나, VIP 고객에게 "당신은 특별합니다."라는 느낌을 주어야 한다.

> **판매기술 레시피**
>
> ☞ VIP 고객은 흔하지 않은 한정판이나 신상품 위주의 물건을 보여주고, 구매 시에는 "당신은 특별합니다."라는 인식을 심어주는 것이 장사의 핵심 수완이다.

단골 고객의 2가지 소비습관

인간은 누구에게나 라이프스타일(일상)이 있다. 그 라이프스타일에는 규칙적인 패턴이 분명 존재한다. 소비의 패턴도 마찬가지이다. 대부분의 단골 고객들에게는 그들만의 규칙적인 소비습관이 있다. 그 규칙적인 소비습관은 크게 두 가지가 있다. "소비 금액"과 "방문 시간"이다. 단골 고객은 규칙적인 라이프스타일에 따라 일정한 시간에 쇼핑을 하는 경우가 많다. 또한 한 번 소비할 때마다 소비하는 금액의 크기가 거의 비슷하다는 것을 경험한 바 있다. 소매점과 의류매장의 경우 그 수치가 놀랄 만큼 일정하다는 것이다. 단골 고객의 소비습관을 활용한다면 좋은 매출을 만들 수가 있다. 예를 들어, 주말에 가족단위로 방문하는 단골 고객은 주말에 다시 가족단위로 방문할 가능성이 높다는 것이다.

또한 평일 오전에 혼자 매장을 방문해서 쇼핑을 하는 단골 고객은 다음 방문 때에도 평일 오전에 혼자 매장을 방문할 가능성이 높다. 또한 방문해서 구매하는 금액 또한 규칙이 있다는 것이다. 매번 한 가지의 물건만 구매하는 단골 고객은 다음 방문 시 한 가지를 구매할 가능성이 높고, 매번 두세 가지를 함께 구매하는 단골 고객은 다음 방문 시에도 두세 개를 함께 구매할 확률이 높다. 즉, 같은 시간대에 비슷한 구매금액을 소비하는 규칙을 활용하는 것이다.

예를 들어, 오전 매출이 빠질 때에는 오전에 판매하는 판매자의 판매 전략이나, 고객 응대 시 친절도를 주의 깊게 살펴본 후, 문제점이 발견되면 개선해야 한다. 그리고 오전에 방문하는 단골 고객에게 재방문을 위한 친절과 센스를 발휘해야 한다. 필요하다면 오전 단골 고객을 위한 특별 사은품이나 타임 할인 이벤트를 실시하는 것도 좋다. 이렇게 오전의 단골 고객을 재점검하고 새로운 전략으로 오전 고객을 유치할 수 있다면, 그 오전의 단골 고객은 소비습관에 의해 또다시 오전에 쇼핑을 하기 때문에, 오전의 매출 공백은 회복이 될 수가 있을 것이다. 또한 단골 고객의 소비습관 중 구매금액을 활용하는 방법은 단골 고객이 구매한 후 고객만의 관리카드에 구매 금액을 표시해둔다면, 다음 재방문 시 그 금액에 부족하지 않는 제품군으로 구성하여 보여주는 것이 좋다. 이렇게 단골 고객의 소비습관인 구매 금액과 구매 시간을 잘 체크한 다음, 그것을 적극적으로 활용하여 관리하고 판매한다면 좋은 매출을 만드는 데에 큰 도움이 될 것이다.

> 📣 **판매기술 레시피**
>
> ☞ 단골 고객의 소비습관인 "구매 금액"과 "구매 시간"을 잘 파악한다면 좋은 매출을 만드는 데에 큰 도움이 된다.

제품을 알고, 고객을 알면
판매 전쟁에서 승리한다

지금 읽고 있는《고객을 사로잡는 장사의 판매레시피》는 판매의 방법을 그 어느 책보다 상세하게 알려주는 책이다. 이 책에서 가장 많이 나오는 용어는 고객의 라이프스타일(일상)이다. 판매의 모든 것은 고객의 라이프스타일에서부터 나온다. 즉, 고객의 니즈는 고객의 라이프스타일로부터 나오는 것이라고 할 수 있다. 판매자가 고객을 응대할 때, 제품의 정보를 아무리 완벽하게 꿰뚫고 있다고 하더라도 고객에 대한 정보가 없으면 눈이 먼 봉사와 다름없다. 판매를 한다는 것은 고객에게 필요한 최상의 물건을 함께 컨택하고 제공하는 것을 말한다. 고객의 라이프스타일을 섬세하게 체크를 해야만 고객에 대한 많은 정보를 얻을 수가 있다. 필자의 경우 처음 방문한 고객일지라도 이런저런 스몰 토크로 대화를 하며 물건을 고르게 하다 보면 고객의 가족사항이나 직업, 취미, 성향을 알 수가 있다. 물론 모든 판매자가 오랜 시간 숙련된 판매 고수처럼 할 수는 없겠지만, 적어도 고객의 라이프스타일을 섬세하게 체크하는 것이 너무나 중요한 일이라는 것을 알아야 한다. 누구나 좀 더 쉽게 고객의 라이프스타일을 체크할 수 있는 질문법을 알아보자.

예를 들어, "고객님! 운동 참 좋아하실 것 같아요. 자기관리를 잘하시는 것 같아서요. 혹시 무슨 운동 좋아하세요?"라고 물으면 대부분의 고객은 자신의 취미를 말해주거나, 운동을 하지 않을 경우 운동을 하지 않는다고 말한다. 그때는 "운동을 정말 많이 하실 것 같았는데 저의 예측이 빗나갔군요. 그럼 평소 취미는 뭐예요?"라고 물으면 고객은 진짜 취미를 말해주게 된다. 이런 방법으로 고객의 취미를 알 수가 있는 것이다.

또 예를 들면, 중학생 아들과 함께 쇼핑을 온 고객에게 "고객님! 자녀분은 몇 살이에요"라고 물으면 고객이 "중학교 1학년이에요"라고 답한다. "정말요? 학년에 비해서 키가 정말 크네요!"라고 하면서 "혹시 외동아들인가요?"라고 물으면 그 고객은 "아니요. 밑에 동생이 하나 있어요?"라고 말한다. 그럼 "아~ 동생이 있었군요~~!! 동생은 몇 살이에요?" 하면 그 고객이 "10살이요~"라고 말한다. 이어서 "동생은 이 친구처럼 씩씩한 남자아이인가요?"라고 물으면 고객은 "아니오. 딸이에요."라고 답한다. 이렇게 몇 가지 질문을 통해서 식구들의 현황을 파악할 수 있다. 이런 정보를 알게 되면 함께 쇼핑을 나오지 않은 여자 동생 10살 아이의 것도 함께 권할 수가 있고, 고객의 정보를 통해서 우리 제품을 더 자신 있고 다양하게 보여줄 수가 있게 된다. 이렇게 우리 제품의 정보를 알고, 고객의 정보를 알면 판매자의 판매 스케일이 더욱 커지는 것이다.

> 📛 **판매기술 레시피**
>
> ☞ 몇 가지 칭찬과 질문을 통해서 고객의 라이프스타일에 대한 정보를 섬세하게 파악하라!

성공을 부르는 333법칙

 소매점이나 의류매장의 경우 333법칙을 잘 연습해서 실전에 적용한다면 우리 매장의 매출을 가장 빠르게 올릴 수가 있다. 판매자의 333법칙이란 고객에게 3초 안에 인사를 하고, 고객 응대 시 고객에게 칭찬 3가지를 하고, 최소 30분 이상 고객을 매장에 머무르게 하는 것이다.
 첫 번째로 인사는 타이밍이다. 3초 안에 인사를 해야 고객이 환영을 받는다는 느낌을 받게 된다.
 두 번째로 고객 응대 시 고객에게 칭찬 3가지를 하면 고객의 자존감이 올라가고, 좌뇌(이성)보다 우뇌(감성)가 활성화되어 소통이 원활해진다.
 세 번째로 30분 이상 고객을 매장에 머무르게 한다면 매장 점유율이 올라가고, 확보된 시간 속에서 여러 제품을 연계하여 보여줄 수가 있다.
 판매자는 이 세 가지를 명심하고 반복 연습하면 가장 빠르게 판매 성과를 거둘 수가 있을 것이다.

> 판매기술 레시피
>
> ☞ **333법칙을 기억하라!**
> 1) 3초 안에 인사하기!
> 2) 3가지 칭찬하기!
> 3) 30분 이상 고객을 머무르게 하기!

공포의 3분 스피치 훈련

　○○○ 의류 브랜드 매장에서 근무하는 영희 씨는 경력 5년 차의 베테랑 판매원이다. 하지만 판매실적이 오르지 않아서 매번 자신감이 없다. 후배 옥순 씨는 경력 2년 차 판매원이지만 제법 판매를 잘한다. 지점장은 경력에 비해 판매를 제법 잘하는 옥순 씨와 늘 비교하면서 영희 씨의 실적을 두고 지적한다. 영희 씨는 자존심이 상하지만, 옥순 씨의 판매 과정을 주의 깊게 지켜보기로 한다. 경력 2년 차이지만, 판매실적은 늘 1등인 후배 옥순 씨와 자신과는 도대체 무엇이 다른지를 살펴보기로 한 것이다. 그래서 며칠 동안 옥순 씨의 판매과정을 지켜보았다. 영희 씨는 누군가에게 뒤통수를 제대로 맞는 기분이 들었다. 드디어 자신과는 다른 옥순 씨만의 판매방법을 발견하게 된 것이다. 영희 씨는 평소 친절하다고 소문이 난 판매사원이다. 하지만 고객의 구매까지는 이끌어가지 못했다. 구매를 하게 하더라도 1개 이상 연계 구매가 없었다. 그래서 노

력하는 데에 비해 늘 판매실적이 낮았던 것이다. 영희 씨가 발견한 옥순 씨만의 판매비법은 바로 고객과의 대화에서 제품을 설명할 때, 막힘이 없는 점이었다. 줄줄 이어지는 제품 설명에 고객조차 감탄하며 제품 속으로 빠져 들었다. 제품 설명을 할 때에도 딱딱하게 몇 가지의 기능만을 설명하는 것이 아니었다. 스토리텔링을 하면서 고객이 마치 그 제품을 사용하고 있는 것처럼 생생하게 상상하게 만드는 것이었다. 그래서 그날 저녁 자존심이 구겨지지만, 옥순 씨를 찾아가 그 비법을 물어보기로 마음을 먹었다. 그리고 퇴근할 시점이 되자, 영희 씨는 옥순 씨를 찾아가 부탁을 한다. 어떻게 하면 옥순 씨처럼 제품 설명을 할 때, 막힘없이 스토리텔링을 잘할 수가 있는지를 물었다. 옥순 씨는 영희 씨의 예상과는 달리, 너무나 친절하게 방법을 세세하게 알려주었다. 그중 가장 효과적인 연습 방법은 바로 3분 스피치 훈련이었다. 3분 동안 제품에 관련된 스토리텔링을 연습하는 것이었다. 영희 씨는 3분 동안 말하는 것은 누구나 할 수 있겠다는 자신감으로 혼자서 연습을 해보았다. 하지만 1분이 지나자, 더 이상 할 말이 없게 되었다. 영희 씨는 계속해서 연습을 해도 2분을 넘기지 못했다. 또다시 옥순 씨에게 찾아가 노하우를 물어보았고, 3분이라는 시간을 채우기 위해서는 제품의 기능설명만 하는 것이 아니라, 제품을 사용하는 고객의 일상을 말로 표현할 수 있어야 한다고 말했다.

예를 들어, 스포츠 레깅스를 구매하러 왔다면, "고객님! 지금 보시는 ○○○레깅스는 고객님께서 아침마다 산책하는 루틴이 있다고 하셨잖아요. 기분 좋은 아침에 신선한 공기를 마시면서 지금 보시는 레깅스를 입고 산책하신다고 상상해 보세요. 우선 이 ○○○레깅스는 스판을 구성하는 폴리우레탄 소재가 일반 소재보다 1%가 더 들어가 있어서 신축성이 너무 좋습니다. 산책 중에도 마치 옷을 입지 않은 것처럼 가볍고 시원해서 산책의 기분을 더욱 즐겁게 해줄 것입니다. 그리고 이 ○○○레깅스는 4방면으로 몸을 잡아주는 재봉기술로 제작되어서 힙이랑 허벅지를 균형 있게 해줍니다. 이렇게 4방면으로 몸을 잡아주는 레깅스는 이 ○○○레깅스가 유일합니다. 4방면으로 균형 있게 잡아주니까, 운동을 하면서 몸이 예쁘게 만들어지는 데 도움을 줍니다. 이 ○○○레깅스를 입고 산 정상에 오르면요. 정상에서 부는 시원한 바람이 한 번에 보상해 줄 겁니다. 조금만 바람이 불어도 통기성이 좋아서 언제 땀을 흘렸는지도 모르게 금세 마르거든요~!! 세탁도 어렵지 않게 물세탁이 가능하고, 건조까지 빨라서 관리 또한 너무 편하실 거예요~!!" 이렇게 아주 짧고 간단하게 말을 이어가도 말하는 시간이 3분을 쉽게 넘길 수가 있다. 여기서 포인트는 바로 고객의 라이프스타일(일상)에 우리 제품을 사용하는 모습이 최대한 행복한 상상을 할 수 있게 스토리텔링을 하는 것이다. 딱딱한 제품의 기능만 설명한다면 몇 가지 말한 뒤에 더 이상 할 말도 없고 고객의 기억에도 남지 않지만, 고객의 일상에 투영을 시킨 스토리텔링을 한다면 고객의 기억과 가슴에 구매 자극을 줄 수가 있게 된다. 영희 씨는 옥순 씨에게 배운 스토리텔링을 매일 같이 반복 연습한 결과, 자신의 매장에서 3달 연속으로 판매왕을 차지했다고 한다. 최연소 지점장으로 승진이 되어 다른 지점으로 인사이동이 된 옥순 씨가 어쩌면 자신의 스승이 되어준 것이다. 영희 씨도 얼마 지나지 않아 자신이 근무하는 매장에서 지점장으로 승진했다. 그 후 후배 판매원들에게 가장 먼저 교육하는 것이 바로 스토리텔링이고, 이것을 3분 스피치로 반복 연습시킨다. 후배 판매원들은 이 훈련을 공포의 "3분 스피치"라고 부른다.

판매기술 레시피
☞ 스토리텔링을 3분 스피치 훈련법으로 반복 연습해 보자!

판매자의 동기부여

 판매자는 매장에서 매출을 직접적으로 올리는 일을 하는 중요한 직원이다. 매장의 리더나 사장이라면 판매자들의 동기부여에 큰 관심을 가져야 한다. 이유는 그들의 동기부여가 매출에 직접적인 영향을 미치기 때문이다. 판매자들에게 동기부여를 주기 위해서는 어떠한 방법이 있을까? 즉, 판매자의 가슴을 뛰게 하기 위해서는 어떠한 비법이 있는 것일까? 인간이 동기부여가 되는 몇 가지 요소가 있다.
 첫 번째는 목표이다. 인간은 누구나 자신의 이루고 싶은 분명한 목표가 있다면, 열심히 하고자 하는 동기가 생긴다. 여기서 목표를 정할 때는 이루어야 하는 의무감이 아닌, 진정으로 원하는 것을 목표로 설정해야 한다. 아인슈타인은 "진정한 삶의 행복을 위해서는 인간에게도, 소유물에도 의지하지 마라! 오직 자신의 목표에 의지하라!"고 말했다. 필자는 처음에 이 말이 완벽히 이해되지 않았다.

하지만 목표에 대한 바른 정립을 한 후 이 말이 진리라는 것을 깨닫게 되었다. 목표는 분명 자신이 진정 원하는 것이어야 한다. 그러므로 목표에 의지하라는 말은 자신의 원하는 삶에 의지하라는 뜻인 것이다. 인간이라면 누구나 자신이 원하는 삶을 살 수 있다면 행복감을 느낄 수가 있을 것이다. 이렇듯 판매자들에게는 자신이 진심으로 원하는 목표를 함께 설정해 주고 그 목표를 이룰 수 있게 최대한의 지원을 하고 도와야 한다.

판매자에게 동기부여를 주기 위한 두 번째는 인정이다. 판매자는 하루에도 여러 많은 일들을 한다. 모든 일을 완벽히 할 수는 없지만, 그중 성공한 일은 한 가지 이상이 있을 것이다. 이것을 매장의 리더나 사장이 인정해 줘야 한다. 또한 평소 행위에 대한 칭찬이나 인정하는 것도 좋지만, 그보다 존재에 대해 칭찬하는 것이 그들의 자존감을 높여줄 수가 있다. 예를 들어, ○○○ 판매자의 판매성과에 대한 칭찬도 좋지만, 그보다 ○○○ 판매자가 매장에 존재하는 것만으로도 빛이 나며 큰 역할을 하고 있다는 칭찬이 더욱 그들의 자존감을 높이게 된다.

판매자에게 동기부여를 주기 위한 세 번째는 피드백을 해주는 것이다. 피드백이란 평가하는 것을 말하는 것이 아니라, 객관적인 시점으로 바라보았을 때, 그들의 잘하고 있는 점과 개선하면 더욱 빛을 낼 수 있는 요소를 진솔하게 전달해 주는 일이다. 진솔하게 말해주는 피드백은 그들에게 발전된 모습을 향해 또다시 가슴을 뛰게 한다. 그리고 자신에게 끊임없이 관심을 기울이고 있다는 사실을 알면 피드백을 주는 리더에게 감사함을 느끼게 된다. 피드백을 해줄 때는 비판하듯이 말하면 역효과가 날 수 있다. 진솔하게 객관적인 시점으로 잘하고 있는 점과 개선하면 빛날 수 있는 점들을 섬세하게 전달해 주는 것이 좋다.

> **판매기술 레시피**
>
> ☞ **판매자들에게 동기부여를 주기 위한 3요소**
> 1) 목표 설정
> 2) 인정
> 3) 피드백

1차 고객, 2차 고객, 3차 고객 관리법

매장의 매출에 영향을 주는 고객을 단계별로 분류해 보면 1차적 영향을 주는 고객, 2차적 영향을 주는 고객, 3차적 영향을 주는 고객이 있다. 1차 고객은 매장을 방문하는 고객을 말한다. 1차 고객은 매장에서 직접 대면하는 고객이기 때문에, 판매자의 역량에 따라 판매 매출과 구매한 고객의 재방문에 영향을 주게 된다. 그래서 1차 고객의 경우에는 현장에서 정성을 다해야 한다. 밝은 인사로 시작해서 스몰 토크를 통해 고객의 라이프스타일(일상)을 섬세하게 체크하여 라이프스타일을 더욱 빛낼 제품을 권해주고, 구매 시 감사의 인사를 하며 매장 밖까지 배웅하는 등 친절을 다해야 한다. 2차 고객은 방문했지만, 최근 다시 방문하지 않은 고객층을 말한다. 한동안 발길이 뜸해졌거나, 최근 방문기록이 없는 예전 단골 고객을 말한다. 2차 고객의 경우에는 전화 연락을 통해서 근황을 묻고 관계를 회복하는 것이 중요하다. 또한 방문이 뜸했던 이유를 조심스럽게 물어보고 다시 매장을 방문할 수 있게 유도해야 한다. 유도하는 방법은 사은품을 준다고 한다거나, 새로운 신상품을 어필하면서 고객으로부터 호기심이나 호감을 이끌어내는 것이다.

3차 고객은 방문 비전 고객을 말한다. SNS나 여러 고객 유치 마케팅을 통해서 아직 매장을 방문한 적은 없지만, 앞으로 매장을 방문할 수 있는 고객층을 말한다. 3차 고객의 경우에는 매장의 스타상품이나 자신의 매장에서만 진행되는 프로모션으로 방문을 유도하는 것이 바람직하다.

지금 시대에 더 이상 기다리는 장사는 끝이 났다. 그렇다면 우리는 찾아가는 장사를 해야 한다. 매장을 직접 방문하는 1차 고객뿐 아니라 2, 3차 고객층의 유치도 너무나 중요한 일이다. 2. 3차 고객을 유치할 수 있는 시스템을 갖추고 꾸준하게 실행해야 한다.

> 판매기술 레시피
>
> ☞ 매장의 1, 2, 3차 고객층의 개념을 잘 알고, 분류된 고객층에 따라 차별 관리를 해야 한다.

판매자의 표정이 살아야 제품이 산다

 소매점이나 의류매장의 경우 판매자의 "표정"이 매우 중요하다. 판매자들이 활력이 있는 매장은 제품 하나하나가 신선하게 느껴지고, 매장의 에너지가 넘친다. 판매자의 표정과 에너지에 따라 물건의 신선도가 달라져 보인다. 예를 들어, 칙칙한 모습의 에너지가 없는 표정으로 고객에게 물건을 권한다면 그 물건 또한 칙칙하고 신선해 보이지 않는다. 당연히 고객으로부터 시선을 끌 수가 없다. 판매자의 견본은 쇼호스트라고 생각한다. 한 시간 동안 최대 200억 원어치를 판매하기도 하는 홈쇼핑에서의 판매자인 쇼호스트들의 표정을 보라. 판매왕 상위권에 랭크되어 있는 소위 판매 끝판왕인 쇼호스트들이 판매하는 모습을 보면 공통점이 있다.
 첫 번째는 얼굴과 표정에 활력이 넘친다. 제품마저도 신선하고 활력이 넘치게 보인다.
 두 번째는 제품을 마치 자랑하듯이 설명한다. 소개하는 제품을 자부심을 넘어 자랑하듯이 어필한다. 마치 그들이 보여주는 제품을 구매하지 않는 고객들은 되레 손해라는 느낌을 줄 정도이다.

세 번째는 고객의 라이프스타일(일상)에 행복을 더해주는 물건으로 구매심리를 자극한다. 마치 자신이 판매하는 물건이 고객의 라이프스타일(일상)에 행복을 더해주는 상상을 하게끔 방송을 한다.

이 모든 과정이 고객의 구매자극을 유발시킨다. 이처럼 잘나가는 쇼호스트들에게는 뭔가 끌리는 그들만의 활력이 있다. 즉, 그들의 표정은 분명 생기가 넘치고 살아있다. 지금 시대의 판매자들은 살아있는 쇼호스트들의 표정과 활력을 벤치마킹해야 한다. 한 시간 동안 200억 원이란 신화는 거저 얻게 되는 것이 아니다. 그들의 땀방울과 구매자극을 위한 충분한 전략이 동반되어야만 가능한 것이다. 모두가 기적이라고 부르는 것에는 분명 특별한 노하우가 있다. 그중 가장 핵심은 '라이브틱함'이라고 생각한다. 생기 있고 활력이 넘치는 판매자의 표정에서부터 고객은 물건의 신선도를 느끼게 된다. 고객은 판매자의 표정으로부터 제품의 거울효과를 느끼게 된다는 사실을 명심하자!

> 🏪 **판매기술 레시피**
>
> ☞ 판매자의 표정이 살아야 제품이 산다. 활력 있는 표정으로 제품을 춤추게 하라!

판매 조회, 판매 종례 시스템

"하루의 시작은 전략을 나누는 시간이고, 하루 중의 시간은 전투를 벌이는 시간이고, 하루의 마무리는 그날의 격려와 다음날을 다짐하는 시간이다."

장사와 판매를 하는 사람들에게는 가슴에 새겨야 할 문장이다. 하지만 대부분의 매장에서는 시작은 대충 하고, 대충 하루를 보내고, 대충 하루를 마무리한다. 판매를 하는 사람들에게는 가장 무서운 말이 '대충'과 '나중에'라는 말이다. 판매는 지금이라는 시간에 승부를 걸어야만 매출을 올릴 수가 있게 된다. 하루의 시간을 대충 사용해서는 안 된다. 아침을 시작할 때는 아침조회를 통해서 그날의 전략을 간단하게 팀 리더가 작성하여 멤버들과 함께 공유해야 하고, 그날의 타깃 매출과 실행 리스트를 만들어 멤버들의 역할에 따라 나누어 줄 수 있어야 한다. 멤버들에게 주는 최고의 선물은 자신이 책임감을 가지고 할 수 있는 보람된 일이다. 하루 중의 시간은 전투를 벌이는 시간이다. 아침에 조회를 통해서 전략을 공유하고 각자의 역할에 따른 실행 리스트를 나누었다면, 이제는 전투를 제대로 벌일 수가 있어야 한다. 그리고 하루를 마감할 때는 판매 종례 시스템을 통해서 하루를 되돌아보며 아쉬웠던 점을 체크하고, 다음 날을 위한 다짐을 하는 것이다.

분명 판매자들의 조회와 종례 시스템을 통해서 개개인이 발전하고 매장을 성공적으로 만드는 것에 최고의 루틴이 되어줄 것이다.

판매기술 레시피

☞ 소매점이나 의류매장에서는 반드시 아침조회를 통해서 전략을 짜고, 마감 종례를 통해서 격려와 다짐을 하자!

기록을 위대하게

"가장 위대한 도전은 자신의 한계에 도전하는 것이고, 가장 위대한 일은 자신의 한계를 넘어서는 것이다." 마치 올림픽을 앞두고 선수들의 열정을 불러일으키는 태릉선수촌에 붙어있을 만한 슬로건 같다. 자신의 한계에 호기심을 가지고 그 한계에 도전하는 자만이 성장을 이루어낼 수 있다. 판매자 또한 자신이 어디까지 해낼 수 있을지 호기심을 가지는 것이 중요하다. 대부분의 판매자들은 자신이 거둔 모든 성과를 단지 환경 탓으로 돌리며 잘돼도 운이고, 못돼도 운이라고 생각한다. 하지만 모든 성과는 자신이 선택한 과정들로 인해서 만들어지는 것이다. 매장을 운영하는 사장이나 판매자들은 판매기록을 한 고객, 일 매출, 월 매출로 나누어 관리하는 것이 좋다. 한 고객에게 판매한 최고의 매출액, 하루 최고의 매출액, 한 달 최고의 매출액을 각각 따로 작성하여 관리하면 팀 멤버들의 열정온도가 높아진다. 이것을 의무감이 아닌, 한계치에 도전하는 재미있는 게임과 같은 문화로 만들어 간다면 매장의 열정온도가 한층 높아져 매출 상승에도 큰 도움이 된다. 그리고 멤버들이 기록을 달성할 때마다 축하를 해주고, 그 기록을 위대하게 여기는 문화가 형성된다면, 팀이 최고의 성과를 거두는 것에 큰 힘을 발휘하게 된다.

팀의 리더는 판매자들의 개인기록을 분석해서 더 좋은 기록에 도전할 수 있는 피드백을 제공해 주고, 그들을 격려하는 것도 중요한 역할이 된다.

판매자들은 하루하루 숫자와의 전쟁을 치른다. 그 숫자와의 전쟁을 의무감으로만 느낀다면 성과에 대한 압박감이나 스트레스로 받아들이겠지만, 반대로 게임처럼 재미있는 보상 시스템과 기록을 위대하게 여기는 팀 문화를 만들 수 있다면 재미와 성과라는 두 마리 토끼를 모두 잡을 수가 있을 것이다.

> **판매기술 레시피**
>
> ☞ 팀의 리더는 개개인의 기록을 위대하게 여기는 팀 문화를 만들고, 그들의 기록 달성을 위한 피드백과 정보를 제공해 주라!

전화 문의 고객 응대법

영자는 ○○○ 의류매장에서 5년째 근무하고 있는 27세 여성이다. 영자의 ○○○매장에는 요즘 최고의 인기를 얻고 있는 연예인 ○○가 모델을 하고 있어서 그 연예인이 착용한 점퍼에 대한 문의 전화가 하루에도 수십 통 걸려온다. 그런데 영자가 전화 응대하는 것을 보고 매장의 지점장인 영철이는 전화를 이어받아서 친절하게 응대하고는 영자에게 질책을 한다. 무성의한 영자의 전화응대가 마음에 들지 않았기 때문이다. 며칠 전에도 영자의 무성의한 전화응대로 단골 고객마저 잃을 뻔했기에, 지점장의 마음이 더욱 불편했던 것이다. 이런 경우 무성의한 영자의 잘못일까? 필자는 무성의한 영자의 잘못이 아니라, 지점장인 영철이가 전화응대 시 친절하게 응대하는 매뉴얼을 만들어주지 않았기 때문이라고 생각한다. 전화문의 또한 친절 매뉴얼이 있어야 한다. 우리가 놀이동산에 놀러가면 코너 중간중간에 서있는 안내원들을 볼 수 있다. 그들 중 누구는 친절하고 누구는 불친절한가? 그렇지 않다. 10명이면 10명 모두가 친절하다. 마치 쌍둥이처럼 말하는 톤이나 친절한 멘트까지 동일하다. 우리는 그런 동일한 친절에 신뢰를 가진다. 안내원들 모두가 친절할 수 있는 것은 바로 분명한 친절 매뉴얼이 있고, 그들 모두가 그 친절 매뉴얼로 반복 훈련했기 때문이다. 이렇듯 전화응대를 할 때에도 친절 매뉴얼이 있어야 하고, 그것을 반복 연습해야 한다. 전화응대 시 친절 매뉴얼에 대해 알아보자.

직원 ☞ "감사합니다. 전화 받았습니다. 저는 상담원 ○○○입니다."
고객 ☞ "네. 안녕하세요. 모델 ○○가 입고 나온 점퍼 있나요?"
직원 ☞ "네. 저의 브랜드에 관심을 가져주셔서 진심으로 감사드립니다. 현재 고객님께서 찾고 계시는 모델 ○○가 입고 나온 점퍼는 ○○이라는 점퍼입니다. 혹시 실례지만 찾으시는 색상과 사이즈가 어떻게 되시나요?"
고객 ☞ "화이트 색상에 100 사이즈를 찾고 있습니다."
직원 ☞ "답변 감사합니다. 현재 고객님께서 찾고 계시는 화이트 색상에 100 사이즈는 안타깝게도 저희 매장에는 품절인 상태입니다. 혹시나 번거롭지 않으시다면 제가 화이트 색상에 100 사이즈가 있는 매장을 찾아보고 전화 다시 한번 드려도 되겠습니까?"
고객 ☞ "네. 연락 기다릴게요."

이렇게 고객이 찾는 제품을 리마인딩 텔링을 통해서 한 번 더 경청한 다음, 찾는 색상과 사이즈를 체크하고, 만일 재고가 없다면 그 재고가 있는 매장을 찾아서라도 연락을 드리겠다는 의지를 보여 준다면 고객은 아마도 판매자의 정성과 노력에 감동을 받게 될 것이다. 전화응대로도 충분히 감동을 전할 수 있고, 그 감동이 매장 방문으로 이어지고, 추후에 단골 고객으로까지 연결될 수가 있다. 또한 단골 고객으로의 씨앗이 되고, 그 결과 좋은 매출을 만들게 되는 것이다. 리더는 모든 판매자들이 따라 할 수 있는 분명한 전화응대 매뉴얼을 만들고, 반복 연습시켜 전화 문의를 하는 고객들에게 감동을 전할 수 있도록 해야 한다.

분명 최고의 리더는 팀원들에게 잘하라고만 압박을 주는 것이 아니라, 잘할 수밖에 없는 매뉴얼을 만들어 그것을 반복 훈련시키는 리더이다.

> 판매기술 레시피
>
> ☞ 전화응대에도 누구나 따라 할 수 있는 친절 매뉴얼을 정해야 한다. 그리고 반복 연습으로 모든 고객에게 감동을 전할 수 있어야 한다.

창고 관리법

장사와 판매를 하는 매장의 모든 복은 창고와 화장실에 있다는 말이 있다. 장사의 철학을 가지고 오랜 시간 동안 전문성을 키워온 리더라면 이 말에 공감할 것이다. 매장을 운영하다 보면 고객이 머무는 공간만큼이나 신경을 써야 하는 부분이 창고일 것이다. 창고는 고객이 볼 수 없는 곳이지만, 그 안에 모든 복이 들어있다고 믿어야 한다. 장사가 잘되는 매장을 가보면 초보자도 한눈에 물건을 쉽게 찾을 수 있을 만큼 창고가 깨끗하고 간결하게 정리 정돈이 잘되어 있다. 반면에 장사가 잘되지 않는 매장들의 특징 중 하나는 어수선한 창고에 제품의 카테고리가 뒤죽박죽 적재되어 있고, 창고 위나 바닥의 청결 또한 좋지 않다. 솔루션의 대가인 백종원 씨가 해당 식당을 방문하면 가장 먼저 점검하는 것이 주방 내의 청결이다. 주방은 고객의 눈에 잘 보이지 않는 숨은 공간이지만, 주인의 성향과 철학이 담겨 있기 때문이다. 소매점이나 의류매장의 창고는 음식점의 주방과 같다. 필자 또한 제자들이 창업하면 창고부터 살펴본다. 창고는 매장의 매출을 만들어주는 보물을 보관하는 곳이다. 그 보물은 고객 한 명 한 명에게 전달되는 귀한 물건인 것이다. 더러운 환경에서 이리저리 정리 정돈이 되어있지 않는다면 그 매장에는 미래가 없다고 생각한다. 그럼 창고 정리는 어떻게 해야 하는지 그에 대한 매뉴얼을 알아보자.

창고 정리 매뉴얼

1) 창고 안에 물건을 적재할 앵글장과 선반이 제품의 크기에 맞게 잘 세팅되어 있어야 한다.
2) 품목별로 크게 분류하고, 분류한 품목을 또다시 종류에 따라 분류해서 적재한다. 예를 들어, 스포츠 의류매장인 경우 우선 신발과 의류를 분류한다. 신발은 남성용과 여성용으로 분류한 후 운동화와 슬리퍼를 따로 분류한다. 의류 또한 남성용과 여성용으로 분류한 후 상의와 하의를 따로 분류한다. 그리고 봄, 여름, 가을, 겨울 상품으로 분류한다.
3) 적재 선반에는 안내표시를 해두고, 큰 카테고리별 품목명을 추가로 표시해 둔다.
4) 창고의 한중간에는 모든 제품의 카테고리를 한눈에 볼 수 있게 적재 배치도를 만들어 걸어둔다.
5) 적재된 내용이 변경될 때마다 모든 멤버들과 내용을 공유한다.

위의 5가지의 순서대로만 이행하면 가장 이상적인 창고관리가 될 것이다.

창고관리를 잘못할 경우 미치는 악영향

1) 판매 시 물건을 찾는 데 오랜 시간이 걸리거나, 찾지 못해서 판매 로스가 발생한다.
2) 재고관리가 되지 않아서 재고 로스가 발생한다.
3) 청결 관리가 되지 않아 제품에 손상이 생겨 재고 손실이 발생한다.

> **판매기술 레시피**
> ☞ 창고 정리를 잘해야 좋은 매출과 복이 함께 들어온다.

재고 관리법

소매점이나 의류 매장에서는 재고관리가 매장의 순수익과 직결되는 경우가 많다. 분명 재고를 관리하지 못하면 재고 로스로 이어진다. 재고관리는 곧 숫자와의 싸움이다. 전산상의 재고 숫자와 실제 재고 숫자와의 오차가 날 경우 세심하게 점검하고 찾아야 한다. 대부분 교환이나 환불 과정에서 전산상 잘못 입력되거나 누락되어 발생하는 오류가 많다. 매장의 큰 리더는 고객계산 시 전산에 입력하는 과정에서 실수가 없도록 하는 매뉴얼을 만들어 반복 연습을 통해 실수를 줄여 나갈 수 있어야 한다. 그리고 정기적으로 하는 재고 실사의 날을 정한 다음, 규칙적으로 재고 실사를 통해 확인해야 한다. 재고 실사는 너무 자주하면 체력적으로 무리가 되겠지만, 최소 3개월에 한 번씩은 재고 실사를 통해서 전산 재고와 실제 재고를 비교하여 오차 제품을 찾아내고 수정해야 한다. 또한 본사에 반품이 100% 가능한 위탁사업의 경우에는 재고 실사를 통해 관리를 해야 하고, 반품이 되지 않는 사입 사업의 경우에는 시즌이 지나서 판매가 어려운 재고가 창고에 남을 때는 시즌을 앞두고 할인 행사를 통해 재고를 소진해야 한다. 본사에 반품이 되지 않는 사입 매장의 경우, 재고를 소진하지 못하면 그 재고 손실은 매장의 자본 손실로 이어진다. 즉, 재고를 팔아서 그 현금으로 그다음 신상품을 준비해야 하는데, 제때 판매하지 못하면 재고로 남게 되어 현금 순환에 문제가 발생한다.

지금부터는 사입 매장의 재고관리를 위한 몇 가지 팁에 대해 알아보자.

첫 번째는 샌드위치 기법이다. 새로운 시즌이 시작되면 작년에 판매하고 남은 재고와 신상품을 좀 더 이른 타이밍에 섞은 후 디피(DP)를 해서 판매하는 것이다. 고객의 시선으로 정규시즌이 오기 직전에 신상품과 함께 섞어서 디피를 하게 되면 신상품과 함께 섞어서 판매가 되어 재고 순환에 큰 도움이 된다.

두 번째는 동일 사이즈 디피 기법이다. 시즌이 끝날 때쯤이면 사이즈가 품절된 것이 많게 되고, 그 결과 여러 제품의 짜투리 사이즈가 남아 있는 경우가 발생한다. 이때는 고객이 찾는 제품의 사이즈가 없어서 등을 돌리는 경우가 많기 때문에 제품들을 사이즈별로 모아서 디피를 하는 것이다. 디자인별 디피가 아닌, 사이즈별 디피를 하면서 고객의 사이즈부터 체크하고, 그 사이즈가 디피된 곳에서 고를 수 있게 유도하는 것이다.

이렇게 정규시즌보다 좀 더 일찍 신상품과 함께 섞어서 디피를 하는 샌드위치 기법과 시즌이 끝날 무렵 동일 사이즈 디피 기법으로 재고순환에 집중한다면 매출도 오르고 동시에 재고관리도 할 수 있게 된다. 매출이 곧 순수익이 되는 것은 아니다. 재고관리가 잘되어 로스가 발생하지 않을 때, 매출만큼 순수익이 함께 올라가게 되는 것이다.

> **판매기술 레시피**
> ☞ 재고관리를 잘해야 매장의 순수익을 높일 수가 있다.

나의 직원을 가슴 뛰게 만들어야 고객의 지갑을 열 수 있다

　매장을 운영하는 사장이나 큰 리더들은 직원의 마인드를 경영하는 것이 가장 핵심 업무이다. 모든 일은 사람이 하고, 모든 고객은 판매직원들이 응대하기 때문에 매장의 성패는 어쩌면 매장 직원의 손에 달려있다고 해도 과언이 아니다. "직원은 사장을 거울로 삶고, 고객은 직원을 거울로 삼는다."라는 말이 있다. 직원은 사장을 닮고, 고객은 직원을 닮는다는 말이다. 직원이 고객들에게 무뚝뚝하고 불친절하다면 그것은 사장이 직원에게 대하는 태도가 무뚝뚝하고 불친절할 가능성이 높다. 또한 매장 내에 클레임 고객이나 불평을 이야기하는 고객이 많아진다면 직원의 태도를 점검해 봐야 한다.

　판매업은 제품의 품질만큼이나 직원들의 태도에 영향을 많이 받는다. 고객에게 전달되는 모든 서비스의 시작은 사장의 태도로부터 시작된다. 사장이나 큰 리더가 직원들에게 대하는 태도가 고스란히 매장의 고객에게 전달된다고 생각해야 한다. 사장이나 우리 직원이 매장의 고객 한 명 한 명을 섬기고 도움을 주는 진정한 서비스를 다하길 바란다면, 사장부터 직원 한 명 한 명에게 고객을 대하듯이 섬기고 그들에게 도움을 줄 수 있어야 한다.

직원의 가슴을 뛰게 하기 위한 첫 번째는 그들을 존중해 주는 태도이다. 인간은 누구나 자신이 먼저 존중받으면 적극적으로 협력하고 싶어 한다.

두 번째는 그들의 공을 인정하고 중요한 사람임을 인식을 시켜주는 것이다. 팀원이 가장 자존감이 떨어지고 일의 의욕이 생겨나지 않을 때는 스스로가 쓸모없는 사람으로 느껴질 때이다. 팀에 도움이 안 되고 피해만 준다는 느낌이 들 때면 일의 열정이 낮아지고 자존감 또한 한없이 낮아진다. 반대로 리더로부터 작은 일에도 인정받고 팀에 중요한 사람이라는 것을 평가받게 된다면, 그 어떠한 희생도 아깝지가 않을 정도로 열정의 온도가 높아진다.

세 번째는 직원의 청사진을 그려주는 것이다. 미래의 좋은 모습을 그려주고, 그 모습에 가까워질 수 있도록 옆에서 도와주는 것이다. 누구나 밝은 미래를 상상하면 행복 호르몬인 도파민이 나오고, 현재의 수고나 노력이 아깝지가 않을 것이다. 지금 이 글을 읽고 있는 독자도 자신의 가슴이 뛰지 않는다면, 자신이 현재하고 있는 노력을 의심하고 있거나, 지금 당장 내가 열심히 해야 하는 이유를 모르고 있기 때문이다. 즉, 밝은 미래는 자신이 현재 노력하는 이유와 확신을 가질 수 있는 유일한 핵심 도구가 되어줄 것이다.

> 📢 **판매기술 레시피**

☞ **직원의 가슴을 뛰게 하기 위한 3가지**
1) 존중해 주기
2) 인정과 중요한 사람으로 인식해 주기
3) 청사진을 그려주기

지금은 '콜라보' 시대

　콜라보는 협업을 말한다. 지금 시대는 기다리는 장사는 끝이 났고, 혼자 하는 장사 또한 끝이 났다. 자신의 매장을 성공적으로 이끌기 위해서는 끊임없이 고객을 유치해야 하고, 자신의 매장과 함께 협업할 대상을 찾아야 한다. 지금 시대는 브랜드와 브랜드 간에 경쟁이 아닌, 협업을 해서 두 브랜드가 동시에 시장에 출시가 되고 홍보가 되고 있다. 이뿐만이 아니라 주변의 일상 속에서도 키즈 카페와 아동 병원이 협업을 하고, 헬스장과 스포츠 의류브랜드 매장이 협업을 한다. 공통된 고객층이 있다면 업종을 크게 가리지 않고 협업을 통해서 서로에게 시너지를 만들어 간다. 대한민국의 인구가 줄고 있는 것은 부정할 수 없는 사실이다. 자영업자는 늘어나지만, 고객의 수요는 줄어들고 있는 것이다. 지금은 협업의 시대이다. 대형 카페 안에서 그림 전시회가 열리고, 대형 미용실 안에 네일 숍이 함께 운영되고, 헬스장에 가면 특정 스포츠 브랜드의 마네킹이 전시

되어 있다. 이는 서로가 서로에게 도움을 주는 "협업만이 살길이다."라는 것을 보여주는 현상이다. 지금 당신이 어떤 매장을 운영하고 있다면 요식업이든, 소매점이든, 의류매장이든 상관이 없다. 당신의 매장과 함께 협업을 할 대상을 찾고 함께 윈윈할 수 있는 협업을 시작해 본다면 새로운 고객층을 유치하는 데 큰 도움이 될 것이다.

협업을 제안할 때는 우리가 줄 수 있는 혜택이 매력적이어야 한다. 그리고 우리가 주는 것으로 인해서 상대 매장이 성장할 수가 있어야 한다. 인간의 본성은 이기적이다. 자신에게 유익함을 제공하면 적극적으로 행동한다. 이 심리를 잘 활용해야 한다. 상대와의 협업을 통해서 얻을 우리 매장의 이익보다 상대에게 줄 수 있는 혜택을 매력적인 것으로 정하고, 그들의 성장을 돕기 위한 플랜을 가지고 협업을 제안해야 한다. 그리고 협업이 성사되면 서로의 성장을 위해 적극적으로 협력해야 한다. 성과가 나야 그 협업이 지속되기 때문에, 협업을 통해 상대 매장을 적극적으로 홍보하고 도와야 한다. 이처럼 협업을 통해서 새로운 고객을 유치하는 플랜을 짜보자.

> **판매기술 레시피**
>
> ☞ 지금은 협업의 시대이다. 혼자의 힘으로는 살아남을 수가 없다. 서로 시너지가 날 수 있는 협업의 대상을 찾아 협업을 시작해야 한다.

고객과의 논쟁을 피하라

○○○화장품 매장에서 일하는 영심이는 평소와 다르게 단골 고객에게 이 제품 저 제품을 보여주며 이야기를 나누고 있었다. 단골 고객이 앞서 구매한 화장품이 피부에 맞지 않아서인지 피부 트러블까지 일어나 고생했다고 말했다. 피부 트러블이 일어난 그 화장품은 바로 영심이가 직접 골라준 화장품이었다. 그래서 영심이는 "화장품 때문에 트러블이 일어난 건 아닐 거예요~!! 이 화장품이 얼마나 좋은 건데요. 제가 이 화장품을 수차례 판매했지만, 트러블이 일어났다는 말은 처음 들어봐요."라고 말했다. 단골 고객은 가볍게 에피소드로 말했을 뿐인데, 피부 트러블이 마치 자신의 잘못으로 일어난 것처럼 말하는 영심이에 의해 기분이 상해버렸다. 그리고 "아니, 판매직원 아가씨! 왜 말을 그렇게 해요. 화장품이 나랑 안 맞다고 했지, 화장품이 잘못되었다고 한 것도 아닌데, 그렇게 말하면 마치 내 잘못으로 인해서 피부 트러블이 일어난 것 같다는 말

밖에 더 되냐고요~!!"라고 하며 언성이 높아졌다. 그 말을 들은 판매직원 영심이도 "아니, 제가 그런 뜻으로 말한 것은 아니고요. 지난번 구매하신 제품은 너무나 좋은 화장품인데 유독 고객님만 트러블이 일어났다고 하시니 제가 말씀드린 거예요."라고 말했다. 고객은 "됐어요. 다음에 다시 올께요~!!"라고 말하며 매장을 나가버렸다. 그 이후 그 단골 고객은 매장을 방문하지 않았다. 즉, 귀한 한 고객을 잃게 된 것이다.

이 이야기는 아마도 소매점이나 의류매장이라면 흔히 일어날 수 있는 일들이다. 고객은 클레임을 의도로 말하는 것이 아닌데, 그를 응대하는 판매직원은 자신의 물건에는 아무런 하자가 없다는 것으로 방어한다. 고객이 화를 내는 이유는 단 한 가지이다. 고객의 불편함에 공감하지 않고 방어적인 태도로 논쟁을 벌였기 때문이다. 다시 방금 전의 영심이와 고객의 상황으로 돌아가서 조금 더 올바른 대처를 해본다면, 영심이는 "네~ 고객님 지난번 구매하신 제품을 바르고 나서 피부 트러블이 생겼다고요? 많이 불편하고 속상했겠습니다. 혹시 원인이 화장품일 수도 있으니, 번거롭겠지만 사용하시던 화장품을 가지고 방문 한번 부탁드립니다. 제가 화장품에 문제가 있었는지 본사에 성분 의뢰를 한 번 더 해보겠습니다. 그리고 결과에 따라 조치를 취해 드리겠습니다. 지난번 구매하신 그 화장품은 저희 매장의 베스트 상품이라서 많은 고객님이 사가셨지만, 트러블이 일어났다고 알려주신 고객님은 아직 없는데요. 그래서 더더욱 고객님께서 구매하신 제품에 혹여나 문제가 있을 수도 있어서 말씀드립니다. 그리고 오늘 구매하시게 되면 그때 구매하신 제품보다 좀 더 다른 타입으로 권해드리겠습니다."라고 말했다면 아마도 고객을 잃게 만든 논쟁이 아니라, 고객의 불편에 대해 공감하고 해결에 중점을 주는 대화로 이어갈 수가 있었을 것이다. 또한 고객도 이러한 대처에 감동을 받고 굳이 따질 것도 없이 원만하게 넘어갈 수도 있었을 것이다.

물건을 파는 것은 물건만 파는 것이 아니다. 판매자의 마음도 함께 파는 것이라는 것을 명심해야 한다. **그리고 어떠한 논쟁이라도 고객과의 논쟁은 좋지 않은 결과를 만든다.** 어떠한 상황이라도 고객과 논쟁하지 말고 공감하며 해결에 중점을 두어 말해야 한다.

판매기술 레시피

☞ 고객과의 논쟁은 이겨도, 져도 고객을 잃게 된다.

이기려고 하면 지고, 공감하고 져주면 결국 이긴다

판매자들에게는 고객과의 논쟁을 넘어 분쟁까지 이어지는 경우가 있다. 특히나 이런 경우는 대부분 제품의 불량과 관련해서 발생한다. 고객이 우리 제품을 사용하다가 고객의 기준에서 판단했을 시 불량이라고 생각되면 매장을 방문해서 자신의 불만을 이야기하며 때로는 감정적으로 판매자들에게 무리한 요구를 하는 경우가 생겨난다. 즉시 환불을 요구한다거나, 새 제품으로 교환을 요구한다거나 등의 일이다. 어떠한 상황에도 고객이 불량이라고 판단한다고 해서 그 제품을 불량으로 간주할 수는 없는 것이다. 제품을 생산한 본사에서 불량이라는 결과가 나올 때까지는 어떠한 결론이라도 매장에서 내릴 수가 없는 것이다.

그렇다면 매장의 직원은 어떻게 대처하는 것이 좋을까? 우선 고객의 불편함을 공감해 주는 것부터 시작해야 한다. 그리고 해결점을 고객과 함께 상의해야 한다. 또한 무조건 본사에서 판단할 몫이라고 책임을 전가시키는 것이 아니라, 고객을 돕는 마음으로 그 문제를 함께 해결할 수 있도록 최선을 다해야 한다. 때로는 본사와의 충돌도 감수하면서 고객의 불편함을 빨리 해결하기 위해 노력해야 한다. 이런 정성이 느껴지면 고객은 감동을 받게 된다. 고객을 이겨서 성공하는 매장은 단 한 번도 본 적이 없다. 공감하고 져주는 것이 이기는 것이다. 이때 져주라는 말은 고객의 모든 의견을 들어주라는 게 아니라, 고객과 협력하라는 뜻이다. 고객은 자신의 편에 서서 불편함에 대해 공감해 주려고 애쓰는 모습만 보아도 감동을 받는다. 물론 모든 고객이 정성을 다한다고 해서 감정이 누그러들고 순한 모습을 되찾지는 않겠지만, 대부분의 고객은 필자가 지난 25년 동안 장사와 판매를 하면서 경험한 것이다. 고객과의 마찰이 생겼을 때는 이기려고 하지 말고, 공감하고 져주는 것을 목표로 해야 한다. 이기려고 하면 고객은 매장을 떠나고, 져주는 것을 목표로 하면 고객은 더 귀한 고객으로 남는다.

> **판매기술 레시피**
> ☞ 고객과 마찰이 생겼을 때는 이기려 하지 말고 공감하고 져주는 것을 목표로 하라!

질문을 잘하면 판매의 질이 높아진다

　대화의 기술은 말만 잘하는 것이 아니다. 상대방이 최대한 편하게 말할 수 있도록 분위기를 만드는 것이다. 그리고 상대방의 말에 흥을 북돋는 리액션을 하며 상대가 신이 나서 말을 지속적으로 할 수 있게 만드는 것이 최고의 대화기술을 지닌 사람들의 특징이다. 이 시대에 최고의 대화기술을 가진 방송인은 유재석 씨라고 방송국 모든 제작자들이 입을 모은다. 대화기술의 달인이라고 불리는 유재석 씨는 도대체 어떠한 대화의 기법을 가져서 주변의 많은 사람들에게 극찬을 받는 것일까? 유재석 씨가 방송하는 모습을 보면 특징 하나가 있다. 본인이 말하는 것 중 90%가 질문이라는 사실이다. 일방적으로 무언가를 주절주절 말하는 것이 아니라, 함께 출연한 게스트들에게 질문을 하며 대화를 이끌어 나간다. 유재석 씨의 프로그램에 출연한 게스트들은 대부분 자신의 이야기를 너무나 자연스러운 분위기 속에서 많은 이야기를 하게 된다고 한다. 이것이 바로 질문의 힘인 것이다. 여기서 핵심 포인트는 취조하듯이 묻는 것이 아니라, 상대방을 칭찬하면서 그들의 노하우를 묻는 질문이 많다는 사실이다. 그 질문을 듣는 상대방은 그 칭찬에 기분이 좋아져서 자신의 노하우를 아낌없이 이야기로 쏟아낸다.

인간은 누구나 자신이 칭찬받은 것에 대해 그 노하우를 전할 때, 가장 자존감이 높아진다. 예를 들어, 판매자가 고객에게 "고객님! 좀 전에 테니스를 취미로 하신다고 하셨는데, 테니스가 생각보다 꽤 체력소모가 많은 운동인 것으로 아는데요. 고객님처럼 20년 동안이나 꾸준하게 그 힘든 운동을 하려면 어떻게 해야 하나요? 본인만의 노하우가 있나요?"라고 묻는다면, 고객은 아마도 신이 나서 자신의 삶의 이야기부터 테니스의 관한 모든 이야기를 쏟아낼 것이다.

판매자는 고객과의 대화를 통해서 판매를 하는 직업이다. 고객과의 대화기술을 잘 터득한다면 판매가 수월해진다는 의미가 된다. 최고의 대화기술은 질문법이다. 그중 칭찬과 더불어 노하우를 물어본다면, 고객은 자신의 모든 일상을 털어놓을 것이다. 이 책에서 가장 많이 나오는 용어가 라이프스타일(일상)이고, 고객의 라이프스타일을 섬세하게 체크할 수 있다면 누구나 판매고수가 될 것이라고 말했다. 그 라이프스타일을 가장 쉽고 빠르게 아는 방법이 바로 질문기법인 것이다. 그중에도 칭찬과 더불어 노하우를 묻는 것이다.

> **판매기술 레시피**
>
> ☞ 최고의 대화기술은 질문기법이고, 그중에도 상대방에게 칭찬과 더불어 노하우를 묻는 것이다.

고객의 "비싸요~!!" 대처법

판매자가 고객을 응대할 때, 가장 난처한 상황 중 하나는 고객이 제품 가격이 비싸다고 말하며 구매결정을 고민할 때이다. 정찰제로 판매하는 곳이 아니라면 약간의 유연함을 발휘해서 고객의 니즈에 맞는 가격으로 맞춰주면 되지만, 정찰제로 판매하는 브랜드 숍의 경우에는 고객을 납득시키는 것에 많은 어려움을 겪게 된다. 고객이 제품 가격이 비싸다고 말하며 구매결정을 망설일 때의 대처법에 대해 알아보자.

고객이 "이 운동화, 왜 이리 비싸요~!!"라고 했을 때, 좋지 않은 대처부터 알아보자.

판매자 "아니에요~!! 고객님! 이 운동화, 이 정도 가격이면 엄청 싸게 나온 것이에요~!! 이것보다 비싼 것도 많이 있습니다~!!"

고객의 감정이나 의견을 직접적으로 부정적인 말투로 되받는 것은 좋지 않다. 판매고수라면 고객과의 대화에서 "아니에요."라는 부정어는 최소화하고 "맞습니다."라는 긍정어를 사용하는 것이 좋다.

이번에는 좋은 대처법을 알아보자.

판매고수 "네. 맞습니다. 아마도 가격이 비싸다고 느껴지실 거예요. 왜냐하면 이것보다 가격이 저렴한 것도 많이 있으니깐요. 하지만 고객님! 이 운동화 가격은 다른 운동화보다 10% 정도 높은 가격인데요. 이유가 있지 않을까요? 그 이유는 이 ○○○운동화의 경우, 다른 운동화에 없는 미드솔 부분에 쿠션을 좋게 해주는 ○○○성분으로 제작되어서 다른 운동화에 비해 발바닥의 쿠션감이 2~3배가 푹신하고 안정감이 있습니다. 이 미드솔에 들어가는 ○○○성분은 원자재 중에서 가장 값비싼 재료로 보시면 됩니다. 우선 한번 착용해 보시고요. 그만한 가치가 느껴지면 구매까지 결정하시는 건 어떨까요?" 이렇게 우선 고객의 감정에 공감하고, 그 이유를 차근차근 전달한다면 고객의 마음이 누그러지고 착용까지 이어질 것이다.

> **판매기술 레시피**
>
> ☞ **고객이 "비싸요~!!"라고 할 때 대처법**
> 바로 부정어로 되받아서 말하지 말고 긍정어로 고객의 감정을 공감하고 가격이 높게 측정된 이유를 차근차근 설명하며 착용을 권하는 것이 판매에 유리하다.

고객은 자신에게 필요한 예쁜 물건을 구매한다

　○○○ 의류매장에서 5년 동안 근무했지만, 경력에 비해 성과를 내지 못하는 옥순이는 늘 자신의 판매실력에 불만이 많다. 나름 열심히 제품 설명을 하고 친절하게 고객 응대를 하지만, 매번 구매 거절을 당하는 일이 많다. 이 일이 정말 자신의 적성에 맞는지 의심하며 한숨을 내쉬지만, 그렇다고 다른 일도 잘할 수 있다는 자신감 또한 없기에 시간이 흐르는 대로 일을 계속하고 있었다. 그러던 중 다른 지역의 매장에서 근무하다가 옥순이의 매장으로 지점장 발령을 받은 영자 씨를 만나게 된다. 영자 씨는 근무경력 7년 차로 최연소 지점장에 동일 업종에서 소문난 엘리트이다. 옥순이가 일하는 매장의 매출이 좋지 않아 지원군으로 투입된 특수요원과 같은 지점장이다. 그 후 영자 씨가 판매하는 모습을 본 옥순이와 여러 판매직원들은 입을 벌린 채 놀랄 수밖에 없었다. 이유는 특별히 말을 잘하는 것이 아니지만, 지점장인 영자 씨가 응대한 고객이 양손 가

득 쇼핑백을 들고 매장 밖을 나서기 때문이다.

어느 날 옥순이는 영자 씨와 티타임을 요청하고 대화를 시작했다. "저는 매장에 입사한 지 5년이나 되었지만, 매번 고객에게 구매 거절을 당하는데, 지점장님의 장사를 잘하는 노하우를 배우고 싶습니다~!!" 고객이 구매 거절을 할 때마다 옥순이는 자존감이 바닥으로 내려와 일을 그만두고 싶은 마음이 하루에 열두 번도 더 들었기에, 정말 간절한 눈빛과 마음으로 영자 씨에게 도움을 요청했다. 영자 씨는 "제가 옥순 씨의 판매하는 모습을 지켜보니 너무 어렵게 접근하면서 판매하려고 하는 것 같았어요. 고객이 원하는 것을 보여주지 않고 옥순 씨의 눈에 이쁘다고 생각되는 것만 보여주고 열심히 제품 설명을 하니, 고객의 눈과 귀에는 들어오지 않았을 거예요. 그러니 구매 거절을 당할 수밖에 없는 것이에요. 자~!! 지금부터 이렇게 한번 해봐요." 옥순이는 고개를 끄덕이며 눈과 귀를 영자 씨의 말에 몰입하기 시작했다. 영자 씨는 "고객이 무엇을 원하는지를 파악하는 것이 최우선이에요. 우리 매장에 아무리 예쁜 물건이 많다고 한들 지금 당장 고객의 눈에 들어오는 것이 없다면, 우리 매장은 텅텅 비어 있는 매장과 다를 바가 없는 것이에요~!! 반면에 단 하나의 옷이 걸려있더라도 그 옷이 고객의 눈에 들어오고 필요한 옷이라면 고객은 그 하나의 옷을 구매할 거예요~!! 즉, 고객은 자신의 눈에 예쁘게 보이는 필요한 물건을 결국 구매하게 되어있어요. 제가 알려주고 싶은 판매 노하우는 판매자 자신의 눈으로 보지 말고 고객의 눈으로 보면서 제품을 컨택하고 설명해야 한다는 거예요~!!" 옥순이는 여태껏 5년이라는 긴 시간 동안 허투루 판매를 해왔다는 생각이 들었다. 그리고 마음을 고쳐먹고 영자 씨가 알려주는 대로 고객을 응대했다. 그러자 판매가 훨씬 쉬워지고 더 많은 제품을 판매할 수 있게 되었다. 그 이후 옥순이는 승진이 되어 다른 매장에 지점장으로 발령받고 영자 씨에게 배운 노하우를 함께 일하는 판매직원들에게 열심히 전한 결과 전국 1등 매장을 만들게 된다.

> **판매기술 레시피**
>
> ☞ 판매자의 눈으로 고객을 응대하는 것이 아니라, 고객의 눈으로 응대해야 판매가 수월해지고 더 많은 제품을 판매할 수가 있다.

자존심을 저축해야 판매왕이 될 수 있다

판매자가 자신의 영역에서 전문가로 성장하려면 한 가지 내려놓아야 할 것이 있다. 바로 자존심이다. 자존심이란 스스로를 지키고 보호하려는 마음이다. 자존심과 자존감은 반비례한다. 이 두 말은 비슷해서 뜻도 같아 보이지만, 진정한 뜻은 정반대를 향한다. 자존감은 자아 존중감을 줄여서 표현하는 말이고, 스스로 가치 있다고 여기는 마음을 말한다. 스스로를 지키려고 하는 방어적인 마음이 자존심이라면, 스스로 가치가 높다고 여기는 마음은 완전히 다른 것을 의미한다. 자존심이 강하면 방어적이고, 예민하고, 때로는 공격적 성향을 띠기도 한다. 하지만 자존감이 높은 사람은 자기 스스로가 가치 있다고 여기기 때문에 예민하지 않고 되레 친절을 베풀고 도울 수 있는 여유가 있는 상태가 된다. 판매는 끊임없이 고객을 섬기고 돕는 일이다. 자존심이 높은 사람이라면 고객을 섬기고 도울 수가 없다. 판매업으로 성공을 꿈꾼다면, 자존심은 자신의 성장과 성공에 분명 해악이 된다. 자존심을 내려놓고 고객을 섬기고 돕는 진정한 서비스의 마인드로 판매를 할 때, 자신의 영역을 조금씩 지배할 수가 있다.

자존심을 내려놓기 위해서는 자기중심적 사고에서 벗어나야 한다. 마음의 시선이 오직 자기 자신에 머물러있는 것이 아니라, 남을 향하고 도움을 줄 수 있을 때, 불필요한 자존심으로부터 자유로워질 수가 있는 것이다. 자존심을 내려놓으면 자존감이 회복된다. 판매자에게 필요한 것은 자존심이 아니라, 자존감이라는 것을 명심해야 한다.

> **판매기술 레시피**
>
> ☞ 판매업으로 전문가가 되고 성공하기 위해서는 자존심을 보호하려 하지 말고 고객 한 명 한 명을 섬기고 돕는 마음으로 자존감을 높여나가야 한다.

원츠의 시대는 끝나고 니즈의 시대가 왔다. 니즈를 공략하라

고객은 자신이 원하는 제품이 있거나, 필요한 제품이 있으면 소비를 한다. 불과 10년 전까지만 해도 수요에 비해 제품 공급이 원활하지 않아서 인기 상품의 경우 늘 품절 대란이 일어났었다. 심지어 과자도 품절 대란이 일어나 새로운 마케팅으로 고객을 현혹시킬 정도였다. 이 당시 고객의 소비 욕구는 니즈(needs)가 아닌 원츠(wants)가 지배적이었다. 즉, 자신이 필요한 것보다 원하는 것을 중심으로 소비를 한 것이다. 하지만 지금의 시대는 인구가 계속해서 줄어들고 있고, 제품 생산시스템이 더욱 발전되고 있다. 수요는 점점 줄어들고 있고, 공급은 나날이 늘어나고 있다. 고객의 입장에서는 언제든지 원하면 구매할 수 있기 때문에, 소비자들이 하나의 제품을 가지고 경쟁하는 시대는 서서히 끝나가고 있는 것이다. 지금부터는 고객이 꼭 필요한 제품에 한해서 소비를 이어갈 것이라고 많은 경제 전문가들이 입을 모으고 있다. 그렇다면 고객에게 우리 매장의 제품을 마케팅하고, 방문하는 고객들에게 판매하는 전략은 어떻게 짜야 할까? 고객의 라이프스타일을 더욱 빛나게 해주고, 편리함을 위해 꼭 필요한 제품이라는 것을 어필해야 한다. 즉, 우리 제품이 '예쁘다.' '멋지다.'라는 수식어보다 고객의 라이프스타일과 니즈에 꼭 필요한 제품이라는 사실을 강조하는 것이 더욱 판매에 유리하다는 뜻이다. 가장 대표적인 니즈 사업은 의료 사업이다. 우리가 흔히 병원에 가는 것에 돈을 지불하는 것을 아깝게 생각하거나 고민하지 않는다. 이처럼 우리의 삶에 꼭 필요하다고 느끼는 것에는 소비를 아끼지 않는다. 이유는 자신의 건강한 라이프스타일에 직결되기 때문이다. 우리는 현재 수요보다 공급이 넘치는 세상에 살고 있다. 지금은 원츠보다 니즈를 공략해야 살아남는다.

> **판매기술 레시피**
>
> ☞ 고객의 소비심리 중 원츠보다 니즈를 공략하라! 고객의 라이프스타일을 더욱 빛내줄 꼭 필요한 제품이라는 것을 어필하라!

외모는 단정하게, 말투는 자신 있게, 인사는 존중을 담아서

판매자의 올바른 기준이 되는 외모 및 말투와 인사법에 대해 알아보자.

첫 번째로 외모는 단정해야 한다. 화려하게 치장하는 것은 고객에게 부담을 주거나, 고객의 제품 집중에 방해 요소가 된다. 반대로 너무 지저분하거나, 고객에게 비호감을 주게 되면 제품에 대한 호감도가 낮아진다. 판매자의 단정한 외모가 그만큼 중요한 것이다. 유니폼을 입는 경우 늘 깨끗하고 단정한 옷차림과 메이컵이나 머리손질은 가급적 이마가 보이게 손질하는 것이 좋다. 헤어의 경우 이마가 보이게 손질을 하는 것은 상대에게 심리적으로 신뢰를 얻는 데 도움을 주기 때문이다.

두 번째로 판매자의 말투는 자신감이 있고 분명해야 한다. 반대로 자신감이 없고 어중간한 표현으로 고객을 응대하면 고객의 제품 구매결정에 혼란을 주게 된다. 제품을 전달하거나 고객과 소통할 때는 분명하고 자신감 넘치게 하는 것이 좋다. 판매자가 자신감 있게 전달할 때, 고객이 제품을 평가하는 순간, 품질을 더욱 좋게 느껴지게 한다는 사실은 많은 실험에서 나온 결과물이다. 똑같은 제품을 두고 판매자가 제품을 자신감 없이 어중간하게 설명할 때와 자신감이 넘치고 분명하게 설명할 때의 판매율은 2.5배가 차이가 난다고 한다. TV 홈쇼핑에서 쇼호스트들이 자신감 있게 분명한 말투로 제품을 설명하는 것은 최대한 생동감 넘치게 제품의 호감도를 높이기 위한 가장 중요한 방법이기 때문이다.

세 번째로 인사는 존중을 담아서 해야 한다. 판매자는 한 고객을 응대하는 동안 인사를 두 번 한다. 고객이 매장 입구 문을 열고 들어올 때와 매장 밖을 나설 때이다. 고객이 들어올 때는 환영의 감정을 가득 담아서 반갑게 맞이하고, 구매 후 매장 밖을 나설 때는 감사의 감정을 가득 담아서 하는 것이 이상적이다. 판매의 영역은 첫인상으로 고객에게 이미지 기억을 남긴다. 제품 설명을 얼마나 화려하게 잘하느냐보다 고객의 마음에 남긴 기억이 더욱 중요할 수도 있다. 인사는 처음과 끝을 말한다. 고객의 마음에 남는 기억의 처음과 마지막을 책임지는 것이 바로 인사이다. 이 또한 반복 연습을 통해서 이상적인 인사법을 가질 수 있어야 한다.

> 🏪 **판매기술 레시피**
>
> ☞ 판매자의 외모는 단정하게! 말투는 자신 있고 분명하게! 인사는 존중을 가득 담아서 하자.

마음은 평온하게, 손발은 빠르게

　장사나 판매를 하는 사람들에게 일을 잘하는 표본이 될 만한 모습은 어떠한 모습일까? 바로 마음은 평온하게 가지되, 손발은 빠른 모습이다. 즉, 장사나 판매를 아주 잘하는 고수들의 공통점은 마음이 평온하되 손발은 그 누구보다 빠르고 정확하다. 반대로 일을 못하는 둔재의 공통점은 손발이 느리고, 실수가 잦고, 마음이 늘 조급하다. 필자 또한 제자들에게 가장 먼저 가르치는 것이 마음을 평온하게 먹고, 일의 우선순위를 파악하여 정해진 일의 순서에 따라 최대한 정확하고 빠르게 하는 것을 연습시킨다. 이 방법으로 반복 훈련을 계속하다 보면 무슨 일이든 자신이 하는 일에는 주변인들에게 인정을 받게 된다. 일하는 것마다 남들보다 손발이 느리고 실수가 많은 것은 일의 우선순위를 정하지 않고 두서없이 하기 때문이다. 마음이 조급한 것도 결국 자신의 실수를 만회하기 위해 불필요하게 시간을 많이 소모하기 때문이다. 작은 일부터 훈련을 해야 한다. 마음을 평온하게 먹은 다음, 일의 우선순위를 정하고 그 순서에 맞게 최대한 빠르고 정확하게 자신이 정한 데드라인(기한) 내에 일을 끝내는 것을 연습하는 것이다.

직원을 고용하고 일을 시켜보면 세 가지의 부류가 있다. 스스로 알아서 척척 일을 잘하는 인재의 유형이 있고. 가르쳐주면 그만큼 잘 따라오는 인재 가능형 유형이 있고, 가르쳐주어도 의지가 없고 노력도 하지 않는 둔재형이 있다. 이 세 가지 유형 중 두 번째 인재 가능형 유형이 가장 많은 비율을 차지한다. 즉, 나의 직원이나 동료가 일을 잘하지 못한다면 그 직원이 둔재일 가능성보다 가르쳐주지 않아서 일을 못할 가능성이 가장 높은 것이다. 세상에는 인재 가능형이 가장 많은 비율을 차지하고 있다는 사실을 명심해야 한다. 채용하는 직원마다 일을 못 한다며 푸념하는 사장은 본인에게 더 큰 문제가 있다고 생각한다. 스스로 일을 척척 해내는 인재는 극히 드물다. 가르쳐주는 만큼 자신의 일에 책임감을 가지고 열심히 하는 인재 가능형이 가장 많다는 사실을 깨닫고 열심히 가르쳐주는 것이 사장이나 리더의 역할이다. 지금부터 인재 투정은 그만하고 어떻게 하면 잘 가르쳐줄지를 고민하고 연구해야 한다.

> **판매기술 레시피**
>
> ☞ 나의 직원을 인재로 만들려면 마음을 평온하게 먹은 다음, 일의 우선순위를 정하고 순서에 맞게 최대한 빠르고 정확하게 일을 마무리하는 훈련을 끊임없이 시켜야 한다.

심리 장사

　인간의 행동은 현재의 심리로부터 시작된다. 고객의 구매결정 또한 현재의 심리에 의해서 좌우된다. 판매 고수는 고객을 설득하려 하지 않고 고객이 사고 싶은 심리를 자극한다. 또한 판매 고수는 고객에게 전하는 말 한마디 한마디에 고객의 심리를 움직일 수 있게 한다. 즉, 판매자들은 현재의 고객 심리를 파악한 후 움직일 수 있어야 판매를 잘할 수가 있게 되는 것이다. 그렇다면 심리 장사를 하기 위해서는 어떠한 노력이 필요할까?
　우선 고객의 현재 심리를 잘 파악하려면 고객의 시선과 행동의 적극성을 살펴야 한다. 고객은 자신이 호감을 가지는 제품에는 시선을 오랫동안 둔다. 그리고 필착이나 착용하는 것에 적극적이다. 이 두 가지만 살피더라도 고객의 심리를 파악하는 데 큰 도움이 된다. 두 번째로 고객이 제품에 호감을 가지게 하는 방법은 무엇이 있을까? 바로 고객의 라이프스타일에 있다. 또한 현시대의 고객의 소비 트랜드는 소유가 아닌 경험에 있다. 즉, 우리 제품이 고객의 라이프스타일을 더욱 편리하게 하고 빛을 낼 수 있는 경험을 제공하는 데에 도움을 준다는 사실을 인식시키는 것이 핵심이다. 고객의 라이프스타일은 앞서 언급한 것과 같이 스몰 토크를 통해서 파악할 수가 있다. 일상적인 가볍고 소소한 대화를 하면서 고객의 라이프스타일(일)을 파악하고 나서 그 일상에 도움을 주는 제품을 컨택하여 핵심 설명을 하는 것이 중요하다. 핵심 설명을 할 때에는 제품의 기능설명은 최소화하면서 고객의 라이프스타일에 편리함을 제공하고 빛을 낼 수 있는 제품이라는 것을 강조하는 게 중요하다.

이와 같이 단순히 고객을 설득하려고 하지 말고 고객이 구매하고 싶은 심리를 이끌어가는 것이 바로 심리 장사이다.

> 판매기술 레시피
>
> ☞ 고객을 단순히 설득하려고 하지 말고 고객의 구매심리를 자극하는 노력을 해야 한다. 그것의 핵심은 고객의 라이프스타일을 섬세하게 살피고 그 일상에 편리함을 제공해 주거나 빛을 낼 수 있다는 사실을 입증 설명하는 것이 바로 심리 장사이다.

사은품을 특별품으로 느끼게 하라

지금 시대에 고객에게 호기심과 호감을 이끌어가는 것에는 설명이 아닌 스토리를 전달하는 데 있다고 했다. 아무런 감정 없이 조건이 되면 형식적으로 지급되는 사은품은 고객의 호감을 사기에는 아무런 효과가 없다. 어차피 지급되는 사은품일지라도 스토리를 전달한다면 고객은 감동을 받아 재방문을 다짐하게 된다. 예를 들어, "고객님! 오늘 구매하신 제품의 결제금액이 10만 원을 넘어 양말을 사은품으로 드립니다~!!"라는 표현 보다, "고객님! 오늘 너무나 운이 좋게도 고객님께 저희 2주년 기념 고급 양말을 선물로 드릴 수 있게 되었습니다. 선착순으로 100명에게 드리는데, 고객님께서 해당이 되셔서 지금 드리도록 하겠습니다. 늘 관심과 사랑을 주시고 방문해 주셔서 감사드립니다.~!!"라는 말로 선물을 준다면 고객의 반응은 매우 다를 것이다. 똑같은 양말 하나를 사은품으로 주는 것이지만, 어떻게 스토리를 담아서 주느냐가 핵심이다. 작은 것 하나라도 숨겨진 스토리를 찾아서 고객에게 전달한다면, 고객은 제품보다 스토리에 감동을 받고 제품을 더욱 의미 있게 구매하게 된다.

　기억에는 뿌리와 기둥과 가지가 있다. 뿌리는 신뢰이고, 기둥은 품질이고, 가지는 서비스와 스토리이다. 뿌리가 깊을수록 단골 고객이 형성되고, 기둥이 튼튼해야 매출이 올라가고, 가지가 많을수록 고객의 재방문이 늘어난다. 여기서 가지는 고객이 우리 매장을 기억하는 요소를 말한다. 즉, 스토리를 잘 전달할수록 고객이 우리 매장을 기억할 확률이 높아지고, 재방문 또한 늘어나게 되는 것이다. 작은 사은품일지라도 숨은 스토리를 발견하고 전달하자.

판매기술 레시피
☞ 사은품에도 숨은 스토리를 담아서 전달하라!

궁합을 어필하라

　사람과 사람 사이에는 궁합이라는 것이 있다. 사람 간에 사주나 오행에 맞추어 들어올 운이 좋고 나쁨을 표현하는 것이 궁합이다. 궁합이 좋은 사람끼리는 굳이 애를 쓰지 않아도 마음이 편안하고, 서로의 필요를 잘 채워주게 된다. 그래서 우리는 흔히 궁합이 좋은 사람을 만나고 싶어 하고, 그 만남을 지속하길 원한다. 궁합은 사람과 물건과의 관계 속에서도 있다고 한다. 사용하는 사람과 물건의 궁합이 좋은 것은 자주 이용하고 싶고, 함께 있으면 기분이 좋은 느낌을 얻게 된다. 옷이나 가방의 경우에도 좋은 자리에 나설 때, 궁합이 좋은 가방이나 옷을 택한다. 궁합이 좋은 물건은 쉽게 버리지 않고 오랫동안 마르고 닳도록 애용한다. 시간이 지나 다시 똑같은 것을 구하려고 해도 구하지 못해서 "그때 여러 개를 구매해서 쟁여둘걸!" 하며 후회할 정도이다. 이처럼 필자가 궁합에 관해 설명하는 것은 인간이라면 누구나 궁합이라는 단어에 예민하고 호기심을 갖고 있기 때문이다. 필자는 25년 동안 장사와 판매를 했다. 아마도 필자가 응대한 고객의 수만 해도 수십만 명은 될 것이다. 많은 고객을 응대하면서 여러 멘트를 사용했지만, 그중 "고객님과 저희 옷이 궁합이 참 잘 맞는 것 같습니다.~"라는 말이 고객의 심리를 자극하는 데 효과적이었다. 예를 들어, "고객님께서는 팔다리가 긴 편이라 사이즈 고르기가 참 힘들었을 것 같습니다. 하지만 지금 입고 계신 옷은 고객님의 체형과 궁합이 너무 잘 맞아서 따로 수선이 필요가 없을 것 같습니다." 이와 같이 궁합이 잘 맞는다는 말은 이 제품을 입어야만 하는 운명 같은 기분이 들게 한다. 사람 사이에도 궁합이 참 잘 맞는다는 말은 곧 천생연분을 뜻하기 때문이다. 우리가 판매하는 제품에도 궁합을 어필한다면 고객의 심리를 자극하는 데에 큰 도움이 된다.

판매기술 레시피

☞ 고객에게 우리 제품과 궁합이 잘 맞는다는 것을 어필해 보라! 고객의 구매결정이 더욱 빨라질 것이다.

샤머니즘 활용법

강남 대치동에 사는 상철이의 어머니는 아들인 상철이의 대학 진학에 그 누구보다 정성을 쏟는 학부모님이다. 3개월마다 정기적으로 점을 보고, 복이 들어온다고 하면 어떠한 것이라도 시도해 본다. 빨간색 속옷을 입으면 성적이 오른다는 말을 들으면 그날부터 상철이는 빨간색 속옷만 입고 다닌다. 이런 현상은 상철이 어머니뿐이 아니다. 오래전부터 누구에게나 행운을 불러주는 것이라면 미신이 되었든, 루틴이 되었든 우선 시도해 보는 것이 한국인의 특성이다.

우리는 샤머니즘이라는 것에 예민하게 반응해 왔다. 샤먼이라는 말은 퉁구스계족에서 주술사를 의미하는 사만(saman)에서 유래한다는 설이 유력하다. 샤먼은 초자연적 신령계에서 나오는 정보를 전달하거나, 길흉을 점치고 귀신을 제거하며 병을 고친다. 이렇듯 그 힘을 빌려 수렵의 풍요, 가족의 안전, 전쟁의 승리 등을 기원한다. 한국 또한 샤머니즘의 문화에서 벗어나지 않는다. 물론 조선

시대까지만 해도 대부분이 농사를 짓는 농경시대에 살고 있다 보니 자연을 향해 기도와 제사를 지냈다. 이런 풍습은 예전과는 많은 변화가 있었지만, 어찌 되었든 인간은 자신의 풍요와 행운을 얻기 위해 주변의 이렇더라 저렇더라에 예민하게 생각하고 따른다.

장사와 판매도 고객의 심리를 활용하는 마케팅이 가장 많다. 그 중 샤머니즘을 활용한 마케팅도 흔히 볼 수가 있다. 예를 들어, TV 홈쇼핑에서 쇼호스트들이 제품을 홍보할 때, "고객님! 요즘 유행하는 바이올렛 컬러가 올해의 행운의 컬러라고 합니다~!! 이 제품을 구매하신다면 예쁨과 행운을 함께 구매하시는 것입니다. 오늘 고객님께 드리는 행운은 공짜이고요. 보석값만 받겠습니다~!"라는 멘트로 고객의 심리를 자극한다. 이뿐만이 아니다. "고객님! 우리나라는 남쪽을 향해 창을 내는 집이 많습니다. 그 이유는 풍수지리상 남쪽은 햇볕이 잘 들어오고 건강한 기운이 들어온다고 하지요~ 그래서 그 햇볕의 양을 조절해 줄 커튼을 보여드리려고 합니다~!!"라고 하며 고객의 구매심리를 자극한다.

판매할 때 지나친 샤머니즘적인 멘트는 오히려 고객의 구매심리에 역효과를 불러올 수도 있지만, 아주 가벼운 내용은 분명 고객의 심리를 자극한다. 예전의 일이다. 필자가 월드컵 경기를 앞두고 엄청난 양의 빨간색 티셔츠를 본사에 주문을 넣어 받은 적이 있다. 이유는 그전의 월드컵 경기 때 빨간색 티셔츠가 불티나게 팔렸는데, 전 국민이 붉은 악마의 빨간색 티셔츠를 사서 입고 응원을 했었기 때문이다. 그 당시 품절이 되어 판매 로스가 났던 터라, 그다음 해에는 충분한 양의 빨간색 티셔츠를 준비해 두고 월드컵 경기 날만 기다렸다. 하지만 생각보다 반응이 미지근해서 시장조사를 해 보니, 전국 온오프라인에서도 우리처럼 많은 양의 빨간색 티셔츠를 준비해서, 그것도 우리 브랜드 판매가의 절반도 안 되는 금액으로 누구나 쉽게 구매할 수 있었던 것이다. 그때 필자는 고객들이 월드컵 경기가 열리는 시즌에 잠깐 일회성으로 입을 옷이다 보니 굳이 비싼 브랜드 옷을 구매하지 않았다는 결론을 내렸다. 그렇지만 결과는 뻔했다. 엄청난 양의 빨간색 티셔츠는 고스란히 재고로 남았고, 그것을 어떻게 판매할지 고민을 했다. 그리고 머리에 번쩍 드는 것이 있었다. 며칠 전 한 고객이 점을 보았는데, 올해 빨간색을 입고 다니면 입시를 앞둔 아이의 성적 운이 좋아진다고 하더라는 말이었다. 그래서 나는 행사 행거를 만들어 "행운을 불러주는 티셔츠"라는 네임을 붙여두었다. 하나둘씩 판매가 되면서 어느 순간 완판이 되었다. 그때 느꼈던 것이 있다. 역시 장사와 판매는 고객의 심리를 어떻게 만들어 가느냐다.

아주 작은 예가 되겠지만, 판매자들은 자신이 판매하는 제품에 행운이나 루틴을 불러온다는 기분 좋은 말로 고객의 심리를 자극하는 것도 좋은 판매기술이 된다. 예를 들어, "고객님! 지금 입고 계시는 버건디 색상의 레깅스가 고객님과 궁합이 참 잘 맞네요. 시각적으로 날씬해 보이는 것도 있지만, 버건디는 행운을 상징하기도 하니까, 입을 때마다 기분도 좋아질 거예요.~!"라는 말을 덧붙인다면 고객의 구매심리는 더욱 자극될 거라고 확신한다.

> **판매기술 레시피**
>
> ☞ 고객에게 적절한 샤머니즘의 멘트를 한다면 구매 자극에 도움이 된다.

목표 매출의 골디락스

골디락스(goldilocks)는 영국 전래동화 〈골디락스와 곰 세 마리〉에 등장하는 소녀의 이름 골디락스에서 유래한 용어이다. 동화에서 골디락스는 곰이 끓여놓은 세 가지 수프, 즉 뜨거운 것과 차가운 것, 그리고 적당한 것 중에서 적당한 것을 먹고 기뻐한다. 이것을 경제상태에 비유하여 뜨겁지도 차갑지도 않은 호황을 의미하게 되었다. 우리가 흔히 목표를 정할 때도 골디락스라는 용어를 쓰기도 한다. 골디락스 목표란 너무 높지도 낮지도 않은 목표 수준을 말한다. 목표가 너무 높을 경우, 그 목표를 달성하지 못해 성취감이 낮아져서 결국 팀원들의 사기가 떨어지는 경우가 발생한다. 이에 반해 목표 매출이 아주 낮을 경우, 너무 쉽게 달성해서 더 큰 성장을 만들지 못하게 된다. 장사나 판매에도 목표 매출은 너무나 중요한 핵심 과제이다. 목표 매출 또한 너무 높지도 낮지도 않은 상태로 팀원들의 동기부여를 높여나가는 것이 중요하다. 이때 골디락스를 적용해서 목표를 정한다면, 팀원들의 동기부여에 도움이 된다. 조금만 노력한다면 충분히 달성할 수 있는 목표를 설정하여 팀원들의 동기를 자극하는 것이 한 번에 너무 큰 목표를 설정하는 것보다 효과적이라는 분석이 많다. 장사나 판매에도 목표 매출을 정할 때, 골디락스를 적용해 본다면 팀원들의 사기나 동기부여에 큰 도움이 될 것이다.

> **판매기술 레시피**
>
> ☞ 목표 매출은 너무 높지도, 너무 낮지도 않은 골디락스를 적용해 보자!

경쟁은 매출 부스터, 협력은 장수의 비결

　매장을 운영하는 사장이라면 직원들의 열정온도를 높이고 싶은 마음이 늘 굴뚝같을 것이다. 직원은 고객의 심리에 관심을 두고 판매에 집중해야 하지만, 사장은 직원을 고객처럼 대하면서 그들의 심리에 관심을 두고 매장의 성장을 만들어 가야 한다. 매장 내 '경쟁'과 '협력'의 균형 잡기가 중요하다. 인간은 이기고 싶은 심리가 강하다. 또한 지는 것에 분을 쉽게 삭이지 못한다. 대한민국이라는 나라는 땅이 좁고 인구가 많아서 경쟁에 늘 예민하고 익숙한 민족이다. 어린 시절 아버지가 사오시는 간식 하나에도 형제자매끼리 경쟁을 한다. 이런 심리는 성인이 되고 직장인이 되어서도 늘 간직하고 있는 심리상태이다. 직원들을 상대로 프로모션을 기획하여 그 중 우수사원을 뽑아서 보상을 해주는 시스템을 만들어 본다면 팀원들의 열정온도를 높일 수 있는 가장 쉬운 방법이 된다. 하지만 경쟁에도 역효과가 날 수 있다. 역효과란 경쟁이 너무 과열되어 팀원들의 협력이 떨어지는 것을 뜻한다. 그래서 경쟁과 협력을 동시에 잡을 수 있는 시스템을 만드는 것이 중요하다. 이를 위해서는 팀을 짜서 프로모션을 한다든지, 그중 협력을 가장 잘하는 우수사원을 위한 표창이나 보상을 따로 만드는 것도 효과적일 수 있다. 올바른 경쟁은 매출 부스터가 되고, 직원들 간의 협력은 매장이 장수하기 위한 비결이 된다. 직원이 웃어야 고객이 웃고, 직원이 파이팅이 넘쳐야 고객도 파이팅 넘치게 지갑을 연다. 이는 모든 장사와 판매업에 진리처럼 적용되는 말이다. 즉, 고객을 웃게 하고 고객이 지갑을 파이팅 넘치게 열게 하려면 사장이 직원을 웃게 하고 직원을 파이팅 넘치게 해야 한다.

> **판매기술 레시피**
>
> ☞ 직원의 열정온도를 높이려면 경쟁과 협력을 위한 시스템을 만들어 보자! 경쟁은 매출 부스터이고, 협력은 장수의 비결이 된다.

기다리는 판매는 끝이 났다

불과 10년 전까지만 해도 좋은 물건을 눈에 띄게 매장 진열을 하고 고객 한 분 한 분에게 진심으로 다가가는 친절한 응대로 좋은 매출을 만들 수 있었다. 하지만 지금은 온라인 시장이 점점 확대되어 감에 따라 고객의 구매 선택지도 계속해서 확장되고 있다. 즉, 수요보다 공급이 계속해서 여러 유통 경로로 확장되고 있기에 고객이 직접 구매처를 결정하는 시대가 도래한 것이다.

점심시간이 다가오자, 배가 고파진 영순과 영철 커플은 핸드폰으로 맛집을 검색한다. 그리고 후기 글을 보고 별점을 참고해서 음식점을 선별하고 찾아간다. 즉, 고객은 음식이 되었든, 제품이 되었든 자신의 지갑을 열기 전, 많은 검색을 하고 매장을 찾는다는 것이다. 이 모든 것이 이제는 마냥 고객을 기다리는 장사는 끝이 났다는 것을 의미한다. 매장을 운영하는 사장이나 판매자들은 고객을 기다리는 장사를 해서는 결국 실패하게 된다. 고객을 유치하는 일을 소홀히 해서는 안 된다는 것을 말하고 싶은 것이다. 아무리 좋은 물건을 진열하고, 고객 응대 시 아무리 친절을 베풀고 판매 스킬을 가지고 있다고 하더라도 고객이 방문하지 않으면 소용이 없다는 것이다. 고객을 유치하는 힘을 길러야 좋은 매출을 만들 수가 있다. 그렇다면 고객을 유치하는 방법에는 어떤 것들이 있을까?

• 최근 방문한 고객의 재방문 유도방법 ☞ 기존고객에게 1대1 진정성 있는 문자나, 생일 기념 할인 쿠폰이나, 적립된 포인트와 같은 혜택 중심으로 고객 방문을 유도한다.

• 방문한 적은 없지만 주변 고객을 방문 유도시키는 방법 ☞ SNS나 길거리 현수막, 카드회사와의 콜라보 행사, 전단지 등의 홍보 마케팅이 있다.

• 새로운 고객 유치 방법 ☞ 주변의 상점들과 협업하여 이벤트를 진행하는 방법이 있다. 예를 들어, 서로의 이벤트 쿠폰을 각자의 매장에 비치해 두고 서로의 고객층에게 홍보하고 방문을 돕는 것이다.

> 판매기술 레시피
>
> ☞ 기다리는 장사는 끝이 났다. 고객 유치에 함께 연구하고 시스템을 갖춰야 좋은 매출을 만들 수가 있다.

알고리즘 판매

제품의 품질이 나날이 좋아지고, 고객의 소비심리도 나날이 변화되어 가고 있어서 판매기술 또한 그것에 맞추어 발전되어야 한다. AI시대가 도래한 만큼 알고리즘식의 마케팅이 지배를 하고 있다. 유튜브에서 관심 있는 콘텐츠를 보게 되면, 시청한 시간에 따라 관심도가 측정되어 눈앞에서는 계속해서 그것과 연관된 정보가 뜬다. 즉, 소비자의 호기심을 자극하는 물건을 반복적으로 홍보하고, 마침내 호감으로 변화를 이끌어내어 결국 소비를 하게 만든다. 이것은 우리 뇌의 '망상활성계'인 라스(RAS)와 관련이 있다고 많은 심리학자들이 입을 모은다. 망상활성계란 관심 있는 무언가가 반복적으로 주입되고 인식되면, 그것을 현실로 만들기 위한 경로 분석을 하는 우리 뇌의 신경망을 말한다. 망상활성계의 두 가지 기능은 집중과 동기부여를 하는 데 결정적인 역할을 한다. 즉, 무언가를 반복적으로 시각화하면 우리 뇌의 중뇌에 위치한 신경망인 '망상활성계'가 마치 자신에게 필요한 것으로 인식하고 현실적으로 그것을 이루기 위한 많은 정보를 불러 준다는 것이다. 그래서 우리가 반복적으로 무언가를 보게 되면, 그것을 결국 구매하는 구조로 가는 것도 이와 같은 현상인 것이다. 그래서 소비자의 구매를 이끌어내기 위해서는 소비자들의 '망상활성계'를 자극하는 것이 중요하다. 소비자들의 '망상활성계'를 자극하는 방법은 의외로 간단하다. 소비자들이 관심을 가질만한 것을 반복적으로 정보를 주거나 주입시키는 것이다. 예를 들어, 매장을 방문한 고객에게 관심을 가질만한 품목을 지속적으로 보여주는 것도 효과가 있을 것이고, 매장을 방문한 이력이 있는 고객들에게 얼마 전에 구매한 제품과 연관된 신상품을 문자나 전자 메일로 반복적으로 홍보하는 것도 도움이 된다.

필자가 자주 가는 식육식당이 있다. 그곳은 연매출 300억 원이 넘는 전국에서도 유명한 기업형 고깃집이다. 그곳을 갈 때마다 웨이팅은 물론이고 많은 돈을 쓴다. 이유는 고기와 연관된 쌀 가게와 카페가 붙어있어서 여러 가지 구매를 한 번에 하게 된다. 그뿐만이 아니라 매주 월요일만 되면 문자가 온다. 5만 원 이상 구매 시 찌개용 삼겹살을 공짜로 준다는 문자인 것이다. 이 문자가 월요일에 같은 내용으로 3번 반복해서 온다. 처음 문자를 보면 다음에 한번 가야겠다는 생각이 들고, 두 번째 문자를 보면 맛있겠다는 생각이 들고, 저녁에 마지막 반복 문자가 한 번 더 오면 오늘 그곳에 가서 밥을 먹어야겠다는 생각이 든다. 즉, 알고리즘 마케팅이 통한 것이다. 반복적으로 소비자들에게 어필을 하면 고객의 '망상활성계'에 자극이 되는 것은 분명하다. 알고리즘을 활용한 마케팅을 판매할 때나 고객을 유치할 때 잘 활용한다면 매출에 큰 도움이 될 것이라고 확신한다.

> **판매기술 레시피**
>
> ☞ 알고리즘을 활용하는 판매나 마케팅을 하라! 반복적인 어필은 결국 고객의 지갑을 열게 만든다.

노노노! 예스! 법칙

앞 장에서 설명한 알고리즘 방식은 모든 영업마케팅의 주된 판매 기술이 된다. 영업을 하는 직원들에게도 가장 많이 하는 훈련은 소비자들과 친밀감을 유지하면서 그들에게 주는 혜택과 유익함을 반복적으로 어필하라는 것이다. 그 반복 속에서 고객의 니즈에 맞는 상황이 접점을 만나면 구매로 이어지게 되는 것이다. 자동차 판매도 예외는 아니다. 필자에게 고급 자동차를 3대나 판매한 유능한 영업사원이 있다. 그는 잊을 만하면 연락이 와서 안부를 묻고 선물을 보내주며 새로운 자동차에 대한 정보를 제공한다. 그리고 필자가 관심을 가지는 자동차가 있을 경우, 절대로 그냥 느슨하게 넘어가지 않는다. 시승을 예약하고는 직접 필자가 있는 곳으로 차를 끌고 와서 시승케 한다. 그 이후로도 차에 대한 정보를 반복해서 제공해 주고 결정적인 프로모션 마케팅을 한다. 물론 이런 방식이 누군가에게는 부담이 되는 마케팅이 될 수도 있겠지만, 소비자의

100% 중 90%는 이런 영업방식에 넘어간다고 생각한다. 나머지 부담스러워하는 10%의 극소수 소비자들을 너무나 의식해서 90%의 소비자들을 놓치는 것보다 알고리즘 방식으로 판매를 해서 90% 고객을 확보하는 게 영업적으로는 성공한 것이다. 이런 90% 소비자들은 영업사원의 끈질긴 반복적인 마케팅에 처음에는 노!, 두 번째도 노!, 세 번째는 고민 후 노!, 마지막 네 번째는 예스!를 할 경우가 너무나 많다. 즉, 대부분의 고객은 구매결정을 위한 마음을 활짝 열기까지 적어도 판매자들의 4번의 프로포즈가 필요하다는 뜻이다. 물론 쉽게 단번에 구매할 수도 있겠지만, 4번의 프로포즈를 통해서 계약이 성사되는 경우가 참 많다는 것이다. 이는 필자가 장사와 판매를 25년 동안 해오면서 경험으로 얻게 된 고객의 확실한 소비심리이다. 판매자가 영업성과를 얻기 위해서는 고객의 거절에 쉽게 포기를 하지 말라는 것이다. 시간을 두고 계속해서 판매를 시도하면 언젠가 고객은 자신의 필요와 접점을 이룰 때, 결국 구매를 하게 된다.

> **판매기술 레시피**
>
> ☞ 확실한 구매를 위해 고객에게는 판매자의 4번의 프로포즈가 필요하다. 즉, 고객의 구매 거절에 좌절하거나 포기를 하지 마라! 끈질기게 고객의 니즈를 어필하고, 그들의 라이프스타일에 유익하다는 점을 끈질기게 어필한다면 고객의 답은 노!에서 예스!로 바뀔 것이다.

재방문의 연결고리

"장사의 성패는 재방문에 있다."라는 문구를 장사에 관심이 있는 사람이라면 모두가 한 번쯤은 보았을 것이다. 대한민국은 자영업자 500만 시대를 넘어 5년 뒤가 되면 700만의 자영업자 시대가 올 것이라고 한다. 이는 20세 이상 대한민국의 경제 활동 인구를 2024년 통계기준으로 2,000만 인구 정도로 본다면 그중 40%가 자영업자라는 뜻이 된다. 대한민국에서 태어나 장사를 한 번도 하지 않고 죽을 확률은 낮다고 본다. 즉, 대한민국 국민이라면 누구든지 앞으로의 사회구조상 장사를 한번은 할 확률이 아주 높다는 것이다. 그래서 이 글을 읽고 있는 독자라면 지금 하는 일과 상관없이 노후를 위해서라도 장사에 대해 관심을 갖고 공부를 해야 한다. 장사에 대한 노하우를 조금씩 관심을 갖고 배워서 언제가 될지 모르는 자신의 미래를 조금씩 준비해야 한다. 특히 장사의 성패는 재방문에 있다는 것을 알아야 한다. 한번 우리 매장을 방문해서 제품을 구매한 후 그 제품에 만족하고, 판매자들의 서비스가 마음에 들면 고객은 우리 매장을 다시 찾게 된다. 어느 매장이든 한번 가보고 나면 두 번 다시 가기 싫은 매장이 있고, 한번 가보고 나면 또다시 가보고 싶은 매장이 있다. 장사의 영역은 또다시 가보고 싶은 매장으로 만들어야 성공하는 매장이 될 수가 있다.

좋은 물건, 편리한 매장 환경, 친절한 판매자의 고객서비스도 매우 중요하지만, 그중 고객 응대 시 재방문을 이끄는 판매기술 하나를 공유하고 싶다. 그것은 재방문을 이끄는 연결고리 제품을 제안하는 일이다. 고객이 제품을 구매하고 계산을 마친 후, 판매자가 다음에 오면 꼭 보여주고 싶다는 제품을 고객에게 한 번 더 보여주고 인지를 시키는 것이다. 고객에게 다음에 또 우리 매장을 찾을 수밖에 없는 기억에 남는 제품 하나를 보여주는 것이다. 이는 당장에 판매하려고 하는 것이 아니라, 다음에 또다시 방문을 유도하는 미끼상품이 되는 것이다. 모든 것은 연결고리가 있어야 재회를 하게 된다. 친구와도 다음에 어디서 맛있는 밥 먹자고 했을 때, 그 장소와 음식이 다음 재회로 이끄는 연결고리가 되는 것이다. 판매도 마찬가지이다. 다음에 또다시 만날 수 있는 명분 하나를 고객의 기억에 인식시켜 주는 것이야말로 엄청난 장사 수완이 된다. 예를 들어, "고객님! 오늘 구매하신 제품과 함께 입으면 너무나 어울리는 제품 한 가지 보여드릴게요. 이것은 오늘 구매하시라고 보여드리는 것이 아니고요. 몇 주 뒤 날씨가 조금 더 쌀쌀해지면 꼭 필요한 제품이라 보여드립니다. 혹시나 오신 김에 한 번 걸쳐 보시겠어요. 필요하다고 생각되시면 그때 다시 방문해 주시면 됩니다."라는 식으로 재방문할 수 있는 연결고리 제품을 고객이 부담되지 않게 보여준다면 재방문 고객이 나날이 늘어날 수밖에 없을 것이다.

> 🏪 판매기술 레시피
>
> ☞ 고객이 제품 구매 후 문을 나서기 전, 다음에 오면 꼭 보여주고 싶다는 제품을 미리 보여주고 기억시킨다면 재방문할 확률이 높아질 수가 있다.

고객의 소리에 매장 흥행의 힌트가 숨어있다

"장사와 판매는 고객으로부터 흥하고 고객으로부터 망한다." 이 말은 고객의 니즈에 모든 힌트와 아이템들이 숨어있다는 뜻이다. 매장에 아무리 많은 물건이 예쁘게 진열되어 있다고 하더라도 고객의 니즈를 충족시켜 주지 못한다면 그곳은 쇼핑매장이 아닌, 쓰레기 더미와 다를 바가 없다. 조금 자극적인 표현일 수도 있겠지만, 사실이다. 고객은 다양하고 그들의 소리도 각기 다르다. 하지만 공통된 불만이나 요청이 있다면, 그것에 분명 흥행의 힌트가 있는 것이다.

필자가 27살이라는 나이에 의류매장을 처음 오픈했을 때의 일이다. 초등학교 6학년 학생이 엄마와 함께 옷을 쇼핑하러 매장을 방문했다. 하지만 6학년치고는 체형이 워낙 마른 편이라 바지 허리가 맞는 것이 없었다. 그때 학생의 엄마가 바지 허리에 고무 밴드가 들어간 것은 없냐고 물으셨다. 성인 옷을 판매하는 곳이라 당연히 허리에 밴드가 들어간 바지는 없었다. 그때부터 고객의 요청으로 시작한 일이 판매에 좋은 기회 요소가 되어 주니어와 성인 사이의 어중간한 나이나, 체형이 너무 말라 옷을 구매하기 어려운 고객에게 허리밴드를 넣어주는 서비스를 해주었고, 덕분에 매출이 큰 폭으로 오르게 되었다.

이뿐만이 아니다. 필자가 창업할 당시에는 지금부터 약 20년 전이라 포인트 시스템이 없었는데, 어느 날 한 고객분이 100만 원어치를 구매하고 나서 적립되는 혜택이 없냐고 물으셨고, 마땅히 적립할 수 있는 시스템이 없었지만, 순간 금액의 3%를 적립금으로 노트에 적어두고 다음에 오시면 사용할 수 있게 해드리겠다고 했다. 그리고 신상품이 들어올 때마다 적립금이 있는 고객들에게 문자를 보내드리며 적립금도 함께 사용하시라고 유혹했다. 결과는 대성공이었다. 고객의 작은 소리가 매장의 흥행에 커다란 힌트가 된다는 것을 참 많이 경험했다. 결국 고객의 만족을 위해 매장이 존재하는 것이다. 고객의 모든 소리는 불만이 되었든, 만족이 되었든 매장의 미래 성공의 힌트가 되는 것이다.

고객의 소리에 예민해야 많은 고객을 만족시킬 수가 있다. 물론 소고깃집에서 돼지고기 파냐고 묻는 고객 하나로 간판을 바꾸는 어리석은 일을 하라는 것은 아니다. 그것은 귀가 얇은 것이지, 고객의 소리에 귀를 기울이는 것과는 거리가 멀다. 필자가 말하는 것은 고객의 작은 소리에도 귀를 기울이고, 우리 매장의 컨셉과 정체성이 변질되지 않는 한해서는 여러 시도를 해보는 것도 좋다는 말이다.

> 🛒 **판매기술 레시피**
>
> ☞ 고객의 작은 소리에 귀를 기울여라! 그곳에 매장 흥행이 숨어있다.

긍정언어("네, 맞습니다.")

 판매자가 고객 응대 시 어떠한 말로 리액션을 하느냐에 따라 고객의 자존감이 달라진다. 인간은 누구나 상대의 거절에 대한 불편함을 느낀다. 반대로 상대의 긍정적인 피드백을 받으면 호감을 느끼게 된다. 판매자가 고객이 말할 때 자신과 생각이 다르다고 해서 "고객님! 그것이 아니고요."라는 식으로 되받아치는 경우가 있다. 그 결과는 뻔하다. 아무리 마음에 드는 제품이 우리 매장에 있더라도 고객은 구매를 거절하게 된다.
 거울효과는 고객과의 응대 시에도 일어난다. 고객이 아무리 판매자 자신과 의견이 다르다고 할지라도 "그게 아니고요." 또는 "아닙니다."와 같은 부정어를 사용하게 된다면, 고객 또한 구매결정을 할 때, 부정적인 답변을 할 가능성이 높다. 고객으로부터 '예스!'의 답변을 듣고 싶다면 판매자 자신부터 '예스!'라고 말해야 한다. 즉, 고객과 의견이 다르거나, 고객이 오해하고 있는 부분이 있다면 부정어보다 "맞습니다. 고객님의 생각에 공감합니다. 하지만 고객님! 이렇게 한번 생각해보시는 것은 어떨까요?"라는 긍정어로 시작한 후에 조심스럽게 자신의 생각을 덧붙이는 것이 기술이다. 고객의 말에 대한 피드백을 줄 때는 "네, 맞습니다."라는 말로 시작해 보자. 고객이 결정적인 선택을 할 때, 거울효과로 "네, 이걸로 주세요."라는 긍정어로 말할 것이다.

> **판매기술 레시피**
>
> ☞ 고객이 아무리 판매자 자신과 다른 의견을 말할지라도 부정어가 아닌, "네. 맞습니다."로 시작하고 조심스럽게 자신의 의견을 덧붙이자!

분명하고, 힘 있게 말하라

　판매자들이 고객을 응대할 때, 말투나 내용에 따라서 고객들의 제품인식이 달라진다. 예를 들어, 목소리에 힘이 없고 애매하게 제품 설명을 한다면, 제품 또한 신선한 이미지로 느낄 수가 없게 된다. 판매 고수의 이상적인 말투에는 분명한 내용과 에너지가 있다. 판매자라면 누구나 반복 훈련으로 판매 고수의 말투를 만들 수가 있다. 그 핵심 훈련은 힘 있게 말하고, 분명한 내용 전달을 하는 것이다. 말에도 '동그라미', '엑스' 그리고 '세모'의 표현이 있다. 동그라미는 긍정어, 엑스는 부정어, 세모는 이것도 저것도 아닌 애매모호한 내용이다. 판매 고수가 되기 위해서는 동그라미의 표현을 하는 것이 중요하다. 예를 들어, "좋습니다~!!", "예쁩니다~!!", "딱입니다~!!", "베스트입니다~!!", "최고네요~!!"와 같은 표현들은 동그라미에 속하는 표현이다. 반면 세모의 표현은 "괜찮은 것 같은데요.", "좋아 보이는데요.", "그렇게 뚱뚱해 보이지 않는데요.", "사이즈가 그렇게 커보이지는 않아요."와 같은 표현들은 오히려 고객이 구매결정을 하는 데에 방해가 된다. 분명하게 말하고 에너지 있게 말해야 고객이 구매결정을 좀 더 쉽고 빠르게 하게 된다. 요리를 할 때 칼날이 서야 음식이 잘 썰리듯이, 말도 두루뭉술하거나 애매모호하면 판매자가 아무리 좋은 멘트를 하더라도 고객에게 전달력이 떨어지고, 제품에 대한 호감도를 높일 수가 없게 된다.

분명한 내용과 힘 있는 말투를 반복 훈련한다면 누구나 전달력이 좋고, 제품의 호감도를 높일 수가 있는 판매 고수가 될 수가 있을 것이다.

> **판매기술 레시피**
> ☞ 제품을 설명할 때는 분명한 내용과 힘 있는 말투로 말하자!

설득하려 하지 말고 제품을
자랑하듯이 이야기하라!

우리는 하루에도 많은 광고성 전화를 받는다. 그중 가장 거부감이 느껴지는 경우는 바로 보험과 관련한 전화일 것이다. 거부감이 느껴지는 이유는 무엇일까? 바로 고객을 설득하려고 하는 뜻이 매우 강하기 때문이다. 이런 경험은 누구나 해봤을 것이라고 생각한다. 예를 들어, "고객님! 안녕하세요? 저는 무슨 무슨 보험사 상담원 누구누구라고 합니다. 현재 고객님께서 가입하고 있는 암보험 중 무슨 무슨 보험이 있는데요. 이것은 보장성이 약해서 제가 더 나은 보험으로 안내해 드리려고 전화드렸습니다."

마치 고객에게 혜택이나 유익한 정보를 주려는 의도로 말하는 것이지만, 고객이 받아들일 때는 "고객님의 가입된 보험을 해지하시고 제가 제안하는 보험으로 다시 가입하세요~!!"라고 들리게 된다. 이것은 마치 설득하는 소리로 들리기 때문에 고객으로부터 거부감을 느끼게 한다. 만일 상담원이 "안녕하세요. 더운 여름 수고가 많으십니다~!! 저는 고객님의 보험과 관련된 상담을 무료로 해드리고 있는 어디 어디 전문 보험설계사 누구누구입니다. 혹시 지금 가입하신 보험에 대해서 불편한 점이나 궁금한 것이 있다면 제가 무료로 상담을 해드리겠습니다. 참고로 저는 보험가입을 권유하는 영업직원이 아니고요. 고객님께 불편사항이나 궁금한 것에 도움을 드리는 전문 설계사이니깐요, 부담가지지 마세요. 지금 보험 가입된 것에 불편함이나 보장받는 것에 어려운 점이 있으신 경험이 있다면 모두 말씀해 주시면 감사하겠습니다~!!" 이런 식으로 접근한다면 어떨까? 설득이 아닌, 진정 고객에게 도움을 주기 위해 전화를 한 것으로 느껴져 고객의 마음의 문을 여는 데에 더욱 효과적일 것이다. 그리고 고객이 마음의 문을 열고 "사실 제가 이런저런 보험에 가입이 되어있는데, 지난번 보장을 받으려고 하니 제약이 많더라고요." 이렇게 고민을 털어놓게 된다면 고객의 불편했던 감정을 함께 공감해 주며 "네. 고객님! 많이 불편하시고 힘들었겠습니다. 대부분 고객님들께서 보험약관이나 보장에 대한 내용들이 워낙 복잡하고 수시로 변경되는 부분이 많다 보니 막상 보장을 받을 상황이 되면 제약되는 부분에 있어서 실망을 많이 하시더라고요. 만일 저의 경우라면 저는 이런 보험을 들어놓을 것 같습니다. 지금 고객님께서 가입한 보험의 보험료에 비해 월 납입액이 2,000원이 줄어들면서 보장은 5,000만 원이 늘어나니깐, 고객님의 라이프스타일의 특성에는 더욱 효과적일 것 같습니다. 지금 바로 결정하실 필요는 없으시고요. 가족분들과 상의 한번 해보시고 나서 저의 도움이 필요하다고 생각되시면 다시 한번 연락이나 문자 남겨주세요. 그러면 제가 좀 더 자세한 정보를 준비해서 알려드리겠습니다. 보험은 누가 가입하느냐보다 누구에게 맡기느냐에 따라 그 효과가 많이 달라집니다. 저는 이 분야에서 20년 동안 연구한 전문 보험설계사입니다. 믿고 맡겨주시면 최선을 다해서 고객님의 보험을 관리해 드리겠습니다." 이렇게 자신의 상품을 자랑하듯이 설명한다면 고객에게는 더욱 상품에 대한 호감도가 올라가게 될 것이다. 소매점이나 의류매장도 마찬가지이다. 자신의 상품을 구매하는 것을 설득하려 하지 말고 고객에게 유익한 정보를 주듯이, 신뢰를 얻은 후 자신의 상품을 자랑하듯이 보여주는 것이 중요하다.

> **판매기술 레시피**
>
> ☞ 고객에게 다가갈 때는 설득이 아닌 유익함을 전제로 다가가야 고객의 마음의 문을 열 수가 있고, 자랑하듯이 설명해야 제품 호감도를 높일 수가 있다.

과정만 보고 결과를 예상하지 말고, 결과만 보고 과정을 평가하지 마라

장사와 판매는 결과만 좇아가는 경우가 많다. 이익과 연관되어 있다 보니 결과 중심으로 모든 과정을 평가한다. 예를 들어, 매출이 좋으면 과정이 아름다워 보이고, 매출이 좋지 않으면 과정 또한 무시한다. 이런 경우 특히 조직의 리더나 사장들이 실수를 많이 한다. 성과가 좋지 않을 때는 직원들의 노력 또한 저평가해서 직원들의 사기를 떨어뜨린다거나, 결과가 좋은 직원들만 최선의 노력을 한다고 생각하고 그들에게만 보너스나 스포트라이트를 받게 한다면 묵묵히 열심히 일하는 다른 직원들은 사기가 떨어지고 조직에서 이탈하기도 한다. 물론 과정 없는 결과 없고, 결과 없는 과정 없다. 즉, 모든 인과의 관계는 존재한다. 하지만 과정만 보고 결과를 쉽게 예상한다거나, 결과만 보고 과정을 평가하는 것은 좋지 않다.

필자의 후배 중 민철이라는 후배는 의류매장을 운영하는 사장이다. 민철이는 결과만을 절대적으로 믿고 중요시하는 사장이다.

결과만 좋으면 모든 과정을 좋게 평가한다. 시간이 지나 민철이의 직원들이 일하는 특성을 보면, 온갖 편법을 동원해서 좋은 결과를 만든다. 순간의 매출은 올릴 수 있었지만, 결국 고객은 하나둘씩 등을 돌리고 매장은 어려운 형편에 처했다. 또 다른 후배 영철이는 사장으로서 직원들이 일하는 과정을 섬세하게 살피고 올바른 방식과 가치관으로 일을 하도록 가르친다. 영철이의 가게는 매출이 높지는 않지만 꾸준함이 있다. 시간이 지나면서 꾸준하게 매출이 성장하고 있고, 계속해서 사업을 확장하고 있다. 영철이가 가르친 직원들 대부분이 섬세하고 올바른 태도로 고객을 응대하고 판매를 한다. 단골이 늘어나는 것은 물론이고, 직원들 간에 목표를 공유하면서 좋은 것은 서로가 가르쳐주고 배우며 노동 현장이 아닌 학습지대를 만들어 가고 있다. 결국 장사와 판매는 순간 임팩트 있게 돈을 버는 영역이 아니라, 철저한 장기 레이스 게임인 것이다. 꾸준하고 묵묵하게 올바른 가치관으로 장사와 판매를 해야 올바른 과정이 나오고, 결과 또한 시간이 지날수록 빛을 발하게 된다.

> 🏪 **판매기술 레시피**
>
> ☞ 장사와 판매는 올바른 과정일지라도 좋은 결과를 예측할 수 없고, 좋은 결과가 좋은 과정인지 판단할 수도 없다. 단지 우리가 할 수 있는 최선은 늘 시대에 맞는 세련된 기법과 올바른 가치관으로 과정을 만들고 더 나은 결과를 기대하는 것이다.

장사는 물건을 파는 것이 아니라 고객을 담는 것이다

　서투른 양봉업자는 꿀을 쫓고, 능숙한 양봉업자는 여왕벌을 관리한다. 장사도 마찬가지이다. 서투른 판매자는 제품 설명에만 급급하고, 능숙한 판매자는 관심을 가지고 고객에게 도움이 되는 제품을 제안하고, 고객의 라이프스타일에 유익하거나 빛을 낼 수 있는 아이디어를 제공한다. 즉, 장사는 물건을 파는 것이 아니라, 고객을 담는 것이다. 물건을 제아무리 잘 판다고 하더라고 고객을 담을 수가 없다면, 매장의 호감도가 떨어지고, 좋은 매출은 오래 지속될 수가 없다. 장사는 길게 보고 크게 생각해야 한다. 눈앞의 이익을 위해서 제품만을 판매하는 것이 아니라, 고객의 삶에 도움이 되는 것들을 제안하고, 고객이 또다시 우리 매장을 방문하고 싶을 만큼의 감동을 전할 수 있어야 한다. 결국 모든 매출은 고객으로부터 나오기 때문이다. 장사의 그릇이란 돈을 담는 그릇이 아니라, 고객을 담는 그릇을 말한다. 판매를 하다 보면 내 마음과 같지 않은 고객을 응대할 때가 있다. 판매자와 궁합이 잘 맞는 고객도 있겠지만, 반대로 궁합이 맞지 않는 고객도 있다. 하지만 판매자는 고객에 따라서 친절도와 서비스가 달라지면 안 된다. 때로는 응대하기가 조금 불편한 고객이거나, 무뚝뚝하거나 매너가 좋지 않은 고객조차도 최선을 다해서 우리 고객으로 만들 수가 있어야 한다. 필자의 25년 동안의 장사와 판매의 경험상 술을 마시고 매장에서 횡패를 부리거나, 정신적으로 이상이 있어서 직원이나 고객에게 피해를 직접적으로 주는 '피객'이 아니고서는 대체로 알고 보면 사람 냄새가 나고, 그들도 따뜻한 심장을 가진 사람이라는 것이다. 처음 응대할 때 무뚝뚝하거나, 대화 시 퉁명스럽게 하거나, 조금 불편하게 생각하는 고객들조차도 우리가 한결같은 서비스로 응대한다면 언젠가 마음을 열고 따뜻한 인간이라는 것을 보여준다. 좋은 제품을 능숙하게 설명하고 고객을 설득하는 것도 중요하지만, 단순히 제품을 팔기 위한 노력보다 한 고객 한 고객을 우리 매장의 성공그릇에 담는다고 생각하고 진심으로 그들의 삶에 도움이 되는 판매를 해야 한다. 결국 장사는 사람으로부터 시작되고, 사람으로부터 끝이 나기 때문이다.

> **판매기술 레시피**
>
> ☞ 단순히 제품 하나 판매하여 이익을 남기는 걸 목표로 삼는 것이 아니라, 우리 매장의 성공그릇에 고객을 담는다는 심정으로 고객의 삶에 도움이 되는 판매를 해보자!

지금 시대는 다이소식 소비가 트렌드이다

2000년대부터 대한민국의 결재수단으로 신용카드가 대중화가 되기 시작하였다. 사람들은 하나둘씩 현금을 가지고 다니는 데에 불편함을 느끼고 카드 하나로 다양한 상품을 구매하며 결제하는 것에 익숙해졌다. 예전의 소비문화도 필요한 물건이 있게 되면 그만큼의 현금을 들고 가서 그 제품을 구매하였다. 그래서 목적 구매가 소비의 90%였다. 하지만 전 국민이 카드에 익숙해진 2024년 현재는 언제든지 자신이 필요한 물건이 생각날 때마다 구매를 한다. 즉, 목적 구매가 아닌, 충동구매를 하는 것에 익숙해진 것이다. 이를 '다이소식 소비문화'라고도 한다. 대부분의 제품 가격이 1,000원인 다이소에 가면 우리가 목적으로 한 것이 종이컵이라고 했을 때, 목적으로 한 종이컵만 구매하는 경우는 극히 드물다. 그 외 음료수나 가위 등등 무엇이 필요한지 아이디어를 짜고 짜내어 추가로 구매를 한다. 즉, 목적으로 한 종이컵 1,000원보다 충동적으로 구매하는 것에 더 큰 돈을 지불한다. 지금 시대는 충동구매의 시대이다. 지금 사고 싶은 것, 지금 입고 싶은 것, 지금 먹고 싶은 것에 돈을 쓴다. 그래서 소매점이나 의류매장에서는 고객의 충동구매를 이끌어 내기 위한 판매 전략을 짜는 것이 너무나 중요하다. 지금이라는 욕구에 충실해서 고객의 눈으로 비추어 현혹될 만한 물건을 비치해 두고 판매 응대를 하는 것이 그날의 매출을 좌우한다. 예를 들어, 더운 여름날 갑자기 소나기가 내리면 미리 준비한 우산과 광고판을 설치해서 우산을 판매한다거나, 시원해 보이는 이미지 베너로 카페입구에서 고객의 방문을 유도한다거나, 옷 가게의 경우 지금 구매한 옷과 크로스 매칭이 될 만한 연계 물건을 추가로 보여주며 객단가를 높이는 것이다. 단순히 고객이 목적으로 한 것만 판매한다면 이것은 장사나 판매가 아니라, 그냥 안내에 불과한 것이다. 고객은 자신이 꼭 필요한 것만을 고집하고 구매하는 문화가 아닌, 이것도 필요하겠다 싶은 생각이 들면 계획한 것은 아니지만 그 자리에서 추가로 구매하는 소비문화가 지금의 소비패턴이 되는 것이다. 이것을 잘 활용하고 판매 전략을 짠다면 우리 매장의 매출은 나날이 성장할 수가 있게 될 것이다.

> **판매기술 레시피**
>
> ☞ 지금은 충동구매 시대이다. 고객이 목적으로 한 것만을 판매하는 일에는 한계가 있다. 지금 당장 고객에게 필요하겠다 싶은 것을 함께 제안하고 추천하는 판매 전략을 짜야 한다.

'얼리 소비형 고객층'과 '레이트 소비형 고객층'은 늘 존재한다

소매점이나 의류매장의 경우 소비자의 구매패턴은 총 세 가지가 있다. 얼리 소비형, 현재 소비형, 레이트 소비형이다. '얼리 소비형 고객층'은 다가올 계절에 필요한 제품을 미리미리 확보하는 것을 좋아하고, 남들보다 계절상 한 템포 빠른 소비를 한다. 이들은 여름이 끝날 무렵, 가을 신상이 입고되면 아직 날씨는 더운 여름이지만 곧 찾아올 가을을 대비해서 입고된 가을 신상품을 미리 장만하러 매장을 방문한다. 얼리 소비형 고객층의 특징은 신상품에 민감하고 남들보다 빠르게 계절 준비를 하는 특징이 있다. 얼리 소비형 고객층은 할인에 민감하지 않으며, 신상과 좋고 예쁜 것을 남들보다 먼저 구매하는 것이 목적이다. 얼리 소비형 고객층을 평소 고객수첩이나 전산에 별도로 관리를 해서 신상품이 입고될 때마다 정보를 제공하면 빠르게 매장을 방문하여 제품 구매를 한다. 특히나 VIP 고객으로 이어지는 경우가 많기 때문에 현장에서는 황금고객으로 불리기도 한다. 두 번째 현재 소비 고객은 지금 당장의 날씨에 민감한 '현재 소비형 고객층'으로 고객 중 가장 많은 비중을 차지한다. 비가 오면 방수가 되는 바람막이를 찾고, 더운 날에는 가을이라도 여름 반팔을 찾는다. 세 번째 '레이트 소비형 고객층'은 계절이 끝날 무렵, 내년에 입을 옷을 저렴한 가격으로 구매하는 것을 좋아하는 고객층이다. 레이트 소비자들은 할인에 민감하고, 지난 철의 옷일지라도 가성비가 좋은 제품이라면 과감하게 소비를 한다. 레이트 소비형 고객층 또한 고객수첩이나 고객 전산에 입력해 두고 철이 지날 무렵 시즌 아웃 행사를 할 때, 연락하면 빠르게 매장을 방문하여 제품 구매를 한다. 얼리 소비형 고객층은 고객 전체의 10% 정도가 되고, 레이트 소비형 고객층 또한 고객 전체의 10% 정도를 차지하고, 나머지 80%가 현재 소비형 고객층이다. 중요한 것은 대부분의 판매자들이 80%의 현재 소비형 고객층에만 집중한다는 것이다. 얼리 소비형 고객층과 레이트 소비형 고객층을 고객수첩이나 고객 전산으로 따로 정보를 모아서 시즌에 맞게 관리를 한다면 좋은 매출을 만들 수 있는 기회의 요소가 충분히 된다는 것을 알아야 한다.

> **판매기술 레시피**
>
> ☞ '현재 소비형 고객층'에만 집중하지 말고 '얼리 소비형 고객층'과 '레이트 소비형 고객층'의 정보를 수집하고 관리해서 좋은 매출을 올려보자!

제3부
판매 고수의 마인드

판매 고수에게는 '객사부일체'의 정신이 있다

판매 고수의 마인드는 판매 하수와는 분명 다르다. 그들은 '객사부일체(客社部-體)' 철학을 몸소 실천한다. '객사부일체란 고객과 스승과 부모는 하나다.'라는 말이다. 고객과 스승과 부모가 하나인 이유를 들어보자. 첫 번째는 나를 성장시켜 주기 때문이다. 두 번째는 나를 성공시켜 주기 때문이다. 세 번째는 나를 살 수 있게 해주기 때문이다. 판매 고수가 되려면 이것을 가장 중요한 관계 철학으로 마음속 깊이 새겨야 한다.

판매에는 상도도 있고 정도도 있다. 이것은 스승에게 올바르게 배울 수가 있어야 한다. 그래서 판매 고수가 되기 위해서는 자신만의 멘토(스승)가 필요하다. 언제든지 막히는 부분이 있을 때, 조언도 구하면서 지혜를 얻을 수 있는 멘토가 있다는 것은 보물섬으로 가는 여정에 나침반을 가지고 가는 것과 같다. 장사나 판매로 성공의 길을 가다 보면 때로는 막막하고 어렵고 버거울 때가 있게 된다.

이럴 때마다 방향이나 방법에 있어서 지혜를 얻을 수 있는 자신만의 스승이 있다는 것은 너무나 큰 축복이다. 지금 이 글을 읽고 있는 독자 중에서 판매나 영업으로 성공을 꿈꾸고 있다면 반드시 자신만의 롤모델을 설정하고 그를 스승으로 모셔야 한다. 쉽지는 않겠지만 자신의 스승과 제자로서의 관계를 만들기 위해 끊임없이 노력해야 한다. 다음은 고객과의 관계십이다. 스승만큼이나 중요한 관계십이 바로 고객이다. 모든 매출과 수익은 고객으로부터 나온다. 모든 성공과 실패는 고객으로부터 시작되고 끝이 난다. 내가 받는 월급조차도 사장이 아니라 고객으로부터 나온다는 것을 알아야 한다. 내가 가장 잘 보여야 할 대상 또한 매장의 대표가 아니라, 바로 고객인 것을 알아야 한다. 판매 고수가 되는 과정에서 가장 중요하게 생각해야 할 대상은 바로 고객이라는 것 또한 명심해야 한다. 고객을 가장 중요하게 생각하고 고객을 가장 최우선으로 생각해야 한다.

마지막으로 우리의 모든 복의 근원과 통로는 바로 부모님이다. 언제나 나를 믿어주시고, 응원해 주시고, 기도해 주시는 분이 바로 부모님이다. 내 자식이 잘났든 못났든, 성공했든 못했든 상관없이 사랑을 주시고, 응원해 주시고, 복을 주신다. 이런 부모님에게 늘 감사함을 가지고 할 수 있는 효를 다해야 한다. 올바른 방향으로 열심히 살아가는 것, 꾸준한 성장으로 부모님의 자랑이 되어드리는 것 또한 자식이 할 수 있는 최고의 효가 될 것이다.

장사나 판매의 고수가 되고 그 길의 정상에 서기 위해서는 '객사부일체' 정신을 꼭 명심해야 한다. 아마도 당신이 이 세 가지의 관계십만 탄탄하게 만들어 갈 수만 있다면 분명 정상에 오를 수가 있을 것이다.

> **판매 고수의 마인드**
>
> ☞ **판매 고수의 마인드십 '객사부일체'**
> 고객과 스승과 부모님은 하나다.
> 1) 나를 '성장'시켜 주신다.
> 2) 나를 '성공'시켜 주신다.
> 3) 나를 '살 수 있게' 하신다.

판매 고수는 '백견이 불여일행'을
제1원칙으로 한다

판매 고수의 두 번째 마인드십은 '백견이 불여일행(百見 不如一行)'이다.

즉, '백 번 보는 것이 한 번 실행에 옮기는 것만 못하다.'란 말이다. 판매 고수는 말만 하지 않는다. 실천한다. '씽킹(thinking)'에 머물러 있지 않고 '두잉(doing)'에 적극적이다. 대부분의 인간은 다른 사람의 100번의 조언보다 자신이 한 번 경험한 무언가를 신뢰하고 학습하게 된다. '씽킹(thinking)'에는 힘이 없다. '두잉(doing)'을 해야 자신의 씽킹을 현실로 옮길 수가 있게 된다.

10배의 법칙이라는 것이 있다. 생각 하나에 행동 10가지를 설정할 때, 그 생각이 현실로 이루어진다고 한다. 생각을 목표 덩어리라고 한다면, 행동은 그 목표를 현실로 옮겨줄 팔과 다리가 되어주는 것이다. 즉, 목표 하나를 생각하면 그 목표를 이루는 것에 도움이 되는 행동을 10가지 설정하고 실천해야 한다는 것이다. 자신의 목표를 설정만 하고 현실로 이루지 못하는 사람들의 특징은 생각만 많고 행동은 적다. 이것은 마치 머리는 10개인데 팔이 하나둘밖에 없는 형상이 된다. 현실이라는 목적지로 옮기는 힘이 작아지는 것이다. 반대로 생각 하나에 행동 10가지를 설정한다면, 머리 하나에 팔과 다리가 10개가 있는 것과 같다. 현실이라는 목적지로 옮기는 속도와 힘이 훨씬 더 빠르고 커질 것이다. 장사나 판매도 마찬가지이다. 자신이 목표한 매출이 있다면, 그 목표 매출을 이루기 위한 행동 10가지를 설정한 후 꾸준하게 실천으로 옮길 수가 있어야 한다.

예를 들어, '월매출 1억 달성하기~!!'라는 목표를 설정했다면 10가지의 행동을 설정해야 한다.

1) 모든 고객에게 유익한 정보를 드리고 친절을 다한다.
2) 하루 10명의 고객에게 입고된 신상품 정보를 공유한다.
3) 방문한 고객 모두에게 감사의 인사 문자를 보낸다.
4) 생일인 고객에게 커피 쿠폰을 보낸다.
5) 하루 한곳을 정하여 레이아웃을 새롭게 변경한다.
6) 100만 원 이상 구매한 고객에게 무엇무엇 선물을 증정한다.
7) 하루 영업시작 전과 마감 때 멤버들과 10분짜리 스몰 회의를 한다.
8) 하루 한 개의 SNS 홍보영상물을 올린다.
9) 매일 감사일기를 적는다.
10) 하루 중 업무 누락건을 확인하고 체크한다.

이렇게 자신이 목표한 월매출 1억을 달성하는 것에 도움이 되는 10가지의 행동스케줄을 정하고 한 달 동안 꾸준히 실천한다면, 목표가 현실이 될 가능성이 매우 높아질 것이라 확신한다.

> **판매 고수의 마인드**
>
> ☞ **'백견이 불여일행'**
> 씽킹(thinking)에 그치지 말고 두잉(doing)을 설정하고 실천하라!
> 목표 하나에 행동 스케줄 10가지를 실천하는 '10배의 법칙'을 실천해 보자!

판매 고수는 인정, 감사, 기회의 법칙을 활용한다

　판매의 고수가 되는 여정은 험난하고 멀기만 할 것이다. 특히 판매를 한다는 것은 긴 시간 동안 자신과 다른 취향을 가진 고객을 상대하고 그들을 설득해야 하는 일이다. 때로는 힘들고, 지치고, 포기하고 싶은 순간도 너무나 많을 것이다. 판매 고수의 특징 중 하나는 자신의 감정을 잘 조절한다는 것이다. 고객을 상대하면서 극심한 스트레스를 받거나 심리적으로 상처를 받게 되는 경우도 많다. 이럴 때 판매 고수는 스스로 감정을 조절하는 힘을 가지고 있다. 그 방법 중 하나는 인정, 감사, 기회의 법칙을 활용하는 것이다. 감정 조절이 필요한 상황이 오면 우선 그 상황을 인정하는 것이다. 상황을 받아들이는 것부터 시작이 되어야 그다음 단계로 넘어갈 수가 있게 된다. 어차피 벌어진 일이라면 그 상황을 인정하는 것이다. 예를 들면, 클레임 고객을 응대할 경우, 우선 고객의 클레임 상황을 인정하는 것부터가 시작되어야 한다. 그 상황을 인정하지 않으면 해결점으로 나아갈 수가 없다. 두 번째는 감사하는 것이다. 상황이 더 커지지 않은 것에 대한 감사를 하는 것이다. 마지막으로는 그것을 기회로 삼는 것이다. 이는 고객을 응대할 때뿐만이 아니라, 우리가 삶을 살아가면서 원치 않은 상황을 맞이했을 때, 극복하는 가장 현명한 방법이 된다. 그것을 인정하고, 그것에 감사하고, 그것을 기회로 삼는 것이다.

필자 또한 코로나 대유행 시절 모두가 절망할 때, 코로나 상황을 인정하고, 그럼에도 불구하고 일터가 있다는 것에 감사하고, 재난지원금을 기회로 삼았다. 그 결과 더 큰 성장을 만들어냈다.

장사나 판매에는 하루 중에도 여러 변수가 존재한다. 그 변수를 가장 슬기롭게 헤쳐 나가는 좋은 방법은 인정. 기회, 감사이다.

> **판매 고수의 마인드**
>
> ☞ 판매 고수가 되기 위해서는 어떠한 상황이든 유연하게 대처하는 힘이 필요하다. 그것을 위한 아주 탁월한 방법은 인정, 기회, 감사이다.

판매 고수는 넘어지면 무엇이라도 주워서 일어난다

　모든 인간은 끊임없이 실수하고 실패하며 살아간다. 실수하지 않는 사람, 실패하지 않는 사람은 없다. 다만 자신이 실수를 했거나 실패를 했을 때, 그 실수와 실패의 의미를 찾고 다시 일어나는 사람이 있고, 그 실수와 실패에 넘어져 다시 일어나지 못한 채 무기력하게 살아가는 사람도 있다. 장사와 판매의 영역에도 끊임없이 실수와 실패를 거듭한다. 아무리 판매를 신처럼 잘하는 고수라고 할지라도 자신의 영업에 실수와 실패를 하면서 살아간다. 하지만 고수와 하수의 단 하나의 차이는 바로 탄력성이다. 회복력이 빠르고 느리고의 차이다. 판매 하수는 자신의 실수나 실패에 좌절하고 넘어져 일어나는 힘이 느리고 약하지만, 판매 고수는 자신의 실수나 실패의 원인을 빠르게 분석하고 똑같은 실수를 하지 않을 수밖에 없는 시스템까지 만든다. 그리고 그 실수나 실패가 자신의 삶에 어떠한 의미를 제공하는지까지도 분석한다. 신은 우리에게 달콤한 축복만을 주지 않는다. 때로는 고난을 통해서 우리를 성장시켜 주신다. 시간이 지나 자신의 삶을 되돌아보면 신이 주신 달콤한 축복보다 고난을 통해서 스스로가 더욱 많은 것을 배우고 성장했다는 것을 알게 될 것이다.

이처럼 판매 고수가 되려면 수많은 고객을 상대로 영업을 하는 상황 속에서 실수와 실패를 거듭하며 헤쳐 나가야 한다. 이럴 때일수록 힘든 삶의 고난처럼 느껴지는 실수와 실패의 순간에 빠르게 원인을 분석하고 다시는 같은 실수와 실패를 하지 않도록 시스템을 갖추어야 한다. 그리고 그것의 의미를 찾고 삶의 교훈으로 삼아야 한다. 판매 고수의 길은 길고도 멀다. 때로는 넘어질 때도 있다. 넘어져 그냥 쓰러져있지 말고 무엇이라도 주워서 일어나면 된다.

> 🔔 **판매 고수의 마인드**
>
> ☞ 판매 고수가 되기 위해서는 실수나 실패의 순간에 빠른 회복성을 가져야 한다. 실수와 실패의 원인을 빠르게 분석하고 같은 실수와 실패를 하지 않도록 시스템을 단단하게 만들어 보자!

판매 고수는 끈질김을 가진 자이다

　모든 영역에서의 고수는 자신이 맡은 일을 쉽게 포기하지 않는다. 아무리 어렵고 복잡하고 버거운 상황이라도 시간을 투자해서 자신이 맡은 일을 마무리한다. 고수와 하수의 차이는 일의 난이도가 비교적 높은 상황에 직면했을 때, 차이가 난다. 판매나 영업도 마찬가지이다. 고객마다 성향이나 컨디션이 모두 다르기 때문에 판매 난이도가 상황에 따라 많이 다르게 된다. 판매 난이도가 비교적 높을 때, 포기하지 않고 끝까지 응대하고 판매까지 이끌어내는 판매원이 바로 판매 고수인 것이다. 판매나 영업은 처음 보는 고객을 상대할 때가 많다. 즉, 처음 보는 사람에게 인사를 하고, 그들의 니즈를 파악한 후 지갑을 열게 해야 하는 것이다. 그래서 모든 판매가 단번에 쉽게 이루어지는 일이 없는 것이다. 알고리즘 마케팅방식이 고객의 구매결정까지 이끌어내는 데 가장 강력한 도구라고 생각하는 이유가, 고객은 단번에 마음을 열고 지갑을 꺼내지는 않지만, 끊임없이 반복 어필을 하면 그들은 일상의 필요한 시점에 구매결정을 하게 된다. 즉, 판매란 반복이라는 끈질김으로 결국 고객의 지갑을 열게 하는 것이다. 판매 고수가 되기 위해서는 끈질김을 가질 수 있어야 한다. 고객이 한 번 거절했다고 해서 그냥 판매 의욕을 접어 두지 말고 고객에게 부담을 주지 않는 선에서 그들에게 끊임없이 어필하고 자극을 줄 수 있어야 한다. 우리가 살아가는 세상은 결국 끈질긴 사람만이 원하는 것을 쟁취하는 세상이라고 믿는다.

> **판매 고수의 마인드**
>
> ☞ 판매 고수가 되기 위해서는 끈질김을 지녀야 한다.
> 단번에 이루어지는 영업은 없다. 고객은 적어도 7번의 마음의 문을 두드려야 지갑이 열린다는 것을 명심하자!

판매 고수는 피곤함을 이기는 몰입에 능숙하다

우리가 일상생활 속에서 피곤함은 언제 느낄까? 긴장감이 떨어지고 무료함을 느낄 때, 피곤함도 온전히 인식하게 된다. 하지만 우리가 무언가에 집중하고 몰입되어 있을 때는 배고픈 것도, 피곤한 것도 느끼지 못한다. 인간의 뇌는 하나에 집중되어 있는 몰입상태에 접어들면 본능적으로 느껴지는 배고픔이나 피곤함까지도 잊게 된다. 몰입이란 무언가에 집중을 하면 다른 것에는 전혀 관심이 없는 무아지경 상태를 뜻한다. 자신의 영역에서 고수인 사람들은 몰입을 잘한다. 연기자도 몰입을 잘하면 연기 고수가 될 수 있고, 요리사가 요리하는 것에 몰입을 잘하면 혼이 담긴 세상 최고의 요리를 만들 수 있고, 축구선수가 몰입을 잘하면 자신의 플레이와 상대의 플레이를 동시에 볼 수 있는 시야가 넓어지고, 판매자가 고객 응대에 몰입하면 시간 가는 줄 모르고 응대를 하게 된다. 모든 일에 몰입할 수 있는 힘을 기르면, 자신이 느낄 수 있는 신체적인 불편함도 극복된다. 자신의 영역에서 성공의 길을 걷다 보면, 수많은 방해와 어려움에 부딪힌다. 스스로가 포기하고 싶거나, 열정이 식거나, 한 걸음도 나아가기 힘든 번 아웃에 처하면 그 원인은 대부분이 체력적인 피곤함에서부터 시작된다. 즉. 체력이 고갈되면 열정도 함께 식는 것이다. 몸이 피곤하고 힘들면 모든 것이 함께 귀찮아진다. 그래서 우리는 자신의 영역에서 전문가가 되고 고수가 되려면 체력을 기르고 피곤함을 잊을 수 있는 몰입을 능숙하게 할 수 있어야 한다. 휴식도 좋은 체력을 위해 너무나 중요한 방법이지만, 휴식을 끊임없이 해도 피곤함을 이기지 못하는 것은 정신에 원인이 있다고 봐야 한다. 그것은 자신의 일에 몰입하지 못할 때, 찾아오는 게으름 증후군이다. 내 몸이 게을러지면 모든 것이 귀찮고 힘들다. 쉬는 것도 힘들고, 일하는 것은 더욱 힘들다. 몰입도 습관이다. 자신의 일에 몰입하기 위한 노력을 꾸준히 하다 보면 좀 더 쉽게 몰입에 빠져들게 된다. 판매의 고수는 몰입에 능숙한 사람들이다. 고객 응대 시 그 어떤 사적 욕구도 채우지 않는다. 온전히 고객의 니즈에 집중하고 몰입해서 고객을 섬기고 돕는다.

> **판매 고수의 마인드**
>
> ☞ 판매 고수는 고객을 응대할 때, 그 어떠한 사적인 욕구도 채우지 않는다. 온전히 고객의 니즈에 집중하고 몰입한다. 그러니 고객에게 피곤함을 비추는 일도 없다. 피곤함을 이기는 유일한 정신적 방법은 자신의 일에 몰입하는 것이다.

판매 고수는 자기관리를 철저하게 한다

인간은 스스로가 가진 무언가를 관리하면 그 관리하는 대상의 가치가 올라간다. 반대로 관리하지 않으면 그 대상의 가치는 떨어진다. 관리 대상은 우리가 소유하고 있는 모든 것이 해당된다. 예를 들어, 내가 가진 물건도 관리를 잘하면 그 물건의 가치가 올라가고, 내가 관계를 맺고 있는 주변도 관리를 잘하면 관계 가치가 올라간다. 아무리 좋은 건물을 소유하고 있는 건물주라도 건물을 관리하지 않으면 언젠가 건물의 가치는 떨어질 것이다. 즉, 우리는 우리가 가진 물건이든, 관계든, 자기 자신이든 관리를 해야 그 가치가 올라간다는 것이다. 모든 영역에서 성공한 사람들의 공통점 중 하나는 자기관리가 철저하다는 것이다. 스스로의 가치를 높이기 위해서는 자기관리(self-management)를 잘해야 한다는 것을 그 누구보다 잘 알고 관리하기 때문에 성공을 하는 것이다. 성공이라는 것은 스스로의 가치를 드높이는 것인데, 그들은 이런 세상의 이치를 빨리 깨달은 사람들이다. 세상 모든 것은 신이 주신 선물이기에, 감사하게 생각하고 잘 관리해야 한다. 판매자 또한 자기관리를 잘해야 자신의 가치를 높일 수가 있고, 판매 고수가 될 수가 있다. 판매 고수에게 있어서 자기관리란 어떠한 것이 있을까?

첫 번째는 건강관리이다. 체력 컨디션에 따라 얼굴의 표정이나 인상이 달라지기 때문에, 판매 고수는 하루하루의 체력 컨디션을 그 무엇보다 중요하게 생각하고 관리한다. 적어도 불필요한 술자리나 인간관계를 갖지 않는다. 체력과 마인드 열정은 항상 맞물려있는 톱니바퀴와 같아서 서로에게 직접적인 영향을 준다. 판매 고수가 된다는 것은 자신의 영역에서 최고의 자리에 오르는 것을 말한다. 그 고수의 열정은 쉽게 떨어지지 않는다. 그렇게 할 수 있는 첫 번째 열쇠는 바로 건강관리인 것이다.

판매 고수에게 있어서 자기관리의 두 번째는 꾸준한 자기계발이다. 세상에서 가장 무서운 사람은 자신의 영역에 대해 끊임없이 공부하는 사람이다. 공부하는 사람은 성장이 멈추지 않는다. 공부하는 만큼 아는 것이 많아지고, 아는 만큼 많은 것이 보인다. 많이 보이는 만큼 많은 일을 해낸다. 결국 많은 일을 해내는 만큼 자신의 가치를 끌어올리게 된다. 결국 자신의 연봉이 높아지거나, 창업을 통해서 소득이 높아진다.

판매 고수에게 있어서 자기관리의 세 번째 관리는 마인드십이다. 그 어떠한 고난과 어려움이 와도 이겨낼 수 있는 단단한 마인드십이 있다. 자신만의 깊은 판매 철학이 있고, 일의 값진 의미를 끊임없이 부여한다. 노동자는 스스로의 일에 끊임없이 의미를 제거하며 일하고, 전문가는 자신의 일에 끊임없이 의미를 덧붙이며 일한다. 판매 고수가 되는 것은 분명 자신의 분야에 전문가가 되는 것이다.

> **판매 고수의 마인드**
>
> ☞ 우리가 가진 무언가의 가치를 높이기 위해서는 그것을 관리해야 한다.
> 우리가 가진 가장 값진 것은 우리 자신이다. 스스로의 가치를 높이기 위해서는 끊임없이 자기관리(self-management)를 철저하게 해야 한다.

판매 고수는 전략가이다

판매 고수의 여덟 번째 특징은 철저한 전략가란 것이다. 장사나 판매의 하수는 모든 영업의 결과를 운이나 환경 탓을 하지만, 고수는 자신의 전략 탓을 한다. 오전, 오후 그리고 마감 때 전략을 짜고, 점검하고 되돌아본다. 인간의 모든 영역에는 전략이 필요하다. 전략이 있는 것과 없는 것의 차이는 마치 보물지도가 있는 것과 없는 것의 차이와 같다.

전략은
1) 나를 행동하게 한다.
2) 나의 방향을 잃지 않게 한다.
3) 나를 가장 빠르게 목적지까지 도착하게 한다.

판매 고수가 되기를 원한다면 판매 전략은 선택이 아니라 필수이다. 오늘 하루 어떠한 물건을 메인으로, 어떠한 타깃층에게 어떠한 마인드로 고객을 응대할지를 정하는 것이 바로 판매 전략이 된다. 전략은 내가 가야 할 길을 미리 레이더망으로 설정하는 것과 같다. 길을 잃지 않고 가장 빠른 길로 나의 목적지까지 도착하게 한다.

판매 고수들이 흔히 하는 하루의 판매 전략은 하루를 시작하기 전, 함께 일하는 동료들과 판매 전략 회의를 하며 그날의 전략을 짜고 공유한다. 하루 중 미들 타임에 오전에 짜놓은 판매 전략대로 잘하고 있는지를 점검한다. 그리고 수정할 부분이 있다면 수정하고 재세팅한다.

마지막으로 하루를 마무리하기 전에 하루를 되돌아보면서 그날의 판매 전략의 효율에 대해서 점검한다.

이런 시스템을 정하고 꾸준히 실천한다면 판매의 고수는 물론이고 자신의 영역에 최고가 될 수가 있을 것이다.

> 🔔 **판매 고수의 마인드**
>
> ☞ **판매 고수의 판매 전략법**
> 1) 오전 타임 ☞ 팀 동료들과 판매 전략을 짜고 공유한다.
> 2) 미들 타임 ☞ 판매 전략을 잘 이행하고 있는지 점검하고 수정사항을 확인하고 전략을 수정한다.
> 3) 마무리 타임 ☞ 그날 판매 전략의 효율성을 점검한다.

판매 고수는 빠른 위기 인식과 위기관리에 능하다

　장사와 판매에는 하루에도 수많은 변수가 존재한다. 갑자기 비가 온다든지, 들어올 물건이 입고가 지연된다든지 등 이런저런 여러 변수로 인해서 매출에 영향을 받게 된다. 또한 외부환경과 상관없이 매출이 떨어지는 경우도 있다. 이럴 때는 내부적인 원인을 분석하고 찾아야 한다. 모든 영역에는 성공루틴과 공식은 비슷하겠지만, 자신이 처한 상황에 위기 인식을 빠르게 가지고 그 위기를 관리하는 능력이 있어야 한다. 대부분의 성공과 실패는 '위기 인식'과 '위기관리 능력'에서 좌우가 된다. 장사와 판매의 영역에는 매출이 모든 결과를 말한다. 매출이 올라가는 것에도 분명 이유가 있을 것이고, 매출이 떨어지는 것에도 분명 이유가 있다. 매출 변화의 이유를 빨리 찾는 자가 고수이다. 매출이 갑자기 오를 경우에도 마냥 운이 좋다고만 생각하고 안일해서는 안 된다. 고수들은 매출이 갑자기 오를 경우에도 위기 인식을 갖는다. 매출이 오르는 이유를 알고 준비해야 판매 로스를 줄일 수 있기 때문이다. 판매 로스란 판매를 할 수 있는데 여러 이유들로 판매를 하지 못하는 경우를 말한다. 예를 들어, 갑자기 매출이 오른 이유를 분석한 결과, 코로나 재난지원금 때문이고, 이 소비가 한동안 지속된다고 예측된다면 물건을 과감하게 비축해야 한다. 물이 차오를 때 노를 힘껏 저을 수 있어야 장사와 판매의 고수인 것이다. 반대로 매출이 갑자기 떨어질 경우, 크게 외부적인 환경을 살펴보고 내부적인 원인도 찾아봐야 한다. 만일 외부환경에 원인이 있다고 판단될 경우, 주변 동종업계의 매출과 비교해 보면 쉽게 그 원인을 찾을 수 있게 된다. 매출이 갑자기 떨어지는 것이 단순히 비수기도 아니고, 외부환경의 요소도 아니라면 내부적인 원인을 찾아야 한다. 내부적으로 동료 간의 팀 화합이 맞지 않는다든지, 매출을 직접적으로 만들어가는 메인 셀러들의 컨디션이 좋지 않다든지, 팀원들의 사기가 떨어져서 매출에 탄력을 만들지 못하든지 등등을 분석해 보고 빠르게 회복하기 위해 노력해야 한다.

> **판매 고수의 마인드**
>
> ☞ 판매 고수는 위기 인식이 빠르고 위기관리에 철저하다. 늘 매출의 변화를 보고 원인 분석을 할 수 있는 힘을 길러야 한다.

판매 고수는 반복에 능한 자이다

　세계 피겨스케이트 역사상 가장 영향력이 있는 선수는 바로 대한민국의 김연아 선수이다. 스포츠기자가 뽑은 세계적인 선수 1위, 심사위원이 뽑은 가장 훌륭한 선수 1위가 바로 김연아 선수이다. 유재석 씨가 출연하는 방송에서 김연아 선수가 훈련하는 모습을 촬영하기 위해서 김연아의 훈련센터를 방문했다고 한다. 김연아 선수가 스트레칭을 거의 1시간 동안 진지하게 하는 모습을 보고 유재석 씨가 "이렇게 매일 같이 스트레칭을 1시간씩이나 하는 거예요?"라고 물으니, 김연아 선수는 "10년 동안 단 하루도 빠짐없이 해왔는데요~!!"라고 답했다. 유재석 씨는 또다시 물었다. "그럼 스트레칭할 때 무슨 생각을 하면서 하는 겁니까?"라고 물었고, 김연아 선수는 조금 어이가 없다는 표정을 지으면 말했다. "무슨 생각을 해요~!! 그냥 하는 거지~!!" 필자는 이 방송을 보면서 무릎을 내리쳤다. 이거다~!! 그냥 하는 거~!! 우리는 반복을 할 때 너무나 많은 생각을 하고 의미를 부여하려고 한다. 그러니 내가 매일 같이 하는 훈련이나 일상이 지루하고 힘들고 덧없다고 느끼는 것이다. 어차피 해야 하는 훈련이나 일상은 가급적 불필요한 생각을 비워내고 그냥 해야 한다. 아무리 지루한 반복일지라도 그냥 하면 덜 힘이 든다. 우리가 일상에서 무언가를 포기한다면 반복을 포기하는 것이다. 반복을 포기할 때는 불필요한 의미와 생각이 스스로를 무너지게 하는 것이다. 그냥 하는 것이다~!! 자신의 분야에 최고가 되려면 매일 같이 해야 하는 일상을 단지 그냥 하는 것이다~!! 그렇게 묵묵히 자신의 길을 걷고 또 걷다 보면 어느새 정상에 도달해 있는 자기 자신을 발견하게 될 것이다. 장사와 판매는 최고라서 끝까지 가는 것이 아니다. 포기하지 않고 끝까지 가보니 최고가 되어있는 것이다.

> **판매 고수의 마인드**
>
> ☞ 자신의 분야에 최고가 되기 위해서는 매일 같이 해야 하는 일상을 그냥 하는 것이다. 즉, 반복에 능한 자가 최고가 되는 것이다.

에필로그

　글을 마치며 많은 생각이 교차된다. 25년 동안 장사와 판매로 한길을 묵묵히 걸어오면서 참 수많은 일들이 있었다. 포기하고 싶은 순간도 많았고, 모두가 잠들어있을 늦은 밤이 되면 위로라도 받는 듯 따뜻한 달을 보며 혼자 눈물을 흘릴 때도 참 많았다. 분명 장사의 길은 험난하고 어렵다. 하지만 장사는 자신의 삶을 뒤바꾸고 인생 역전을 할 수 있는 유일한 길이다. 장사에 정답은 없지만, 방법은 있다. 내가 25년 동안 장사와 판매를 하면서 정리한 이 책《고객을 사로잡는 장사의 판매레시피》가 자영업자들의 장사 견본서가 되어 장사로 인생역전을 하는 수많은 행복한 부자가 탄생 되기를 소망한다.

고객을 사로잡는 장사의 판매레시피

초판 인쇄	2025년 7월 22일
초판 발행	2025년 7월 28일
지은이	우상권
발행인	조현수
펴낸곳	도서출판 더로드
기획	조영재
마케팅	최문섭
편집	문영윤
본사	경기도 파주시 광인사길 68, 201-4호(문발동)
물류센터	경기도 파주시 산남동 693-1
전화	031-942-5366
팩스	031-942-5368
이메일	provence70@naver.com
등록번호	제2015-000135호
등록	2015년 6월 18일

정가 20,000원
ISBN 979-11-6338-491-5 (13320)

파본은 구입처나 본사에서 교환해드립니다.